VÄL MALLER KANN 'T NICH KAMEN!

Wolfgang Mahnke

VÄL MALLER KANN 'T NICH KAMEN!

Plattdeutsche Geschichten

HINSTORFF

INHALT

* WANN DEI GESCHICHT SCHRÄWEN WORDEN IS

KLIMA, GRETA, TRUMP UN UNS' „VOLKSPARTEIEN" (2019*)

Up 'n „Alternativen Nobelpries" bün ick nich scharp, obschonst ick em verdeint harr, denn all dat, wat dei lütte Schaulschwänzerin ut Schweden, Greta Thunberg, tau'n Ümwelt- un Klimaschutz utposaunt hett, hew ick all vör Johren in mihrere Kolumnen tau Popier bröcht. Tauierst harr ick denn' Verdacht, dat Greta bi mi afkäken hett, oewer dat 's kum möglich, wieldat ick miene Artikel, bispillswies „Dei blage Planet wiest uns dei gäle Kort", je up Platt schräwen hew un dat kann sei woll nich läsen. Ick bün nah mien Bidräg tau dat Ümweltdilemma up uns' Ierd Plattdütsch-Autor bläben, hew dat mit mien Kolumnen ümmerhen bet up dei iersten Sieden von uns' „OZ" schafft, oewer Greta is „Ümwelt-Aktivistin" worden, künn vör dei UNO-Vullversammlung spräken un kriggt nu babentau noch denn' „Alternativen Nobelpries". Naja, ick günn ehr dat, man vör dei UNO harr 'k ok giern eins spraken, up Platt, versteiht sick!

Mit disse nich ganz iernst meint Inleitung wull 'k liekers klorstell'n, dat dei Ümwelt- un Klimaprobleme all langen bekannt sünd. Dei Politikers sall'n dorüm nich so daun, as wenn middenmal ein „Klimanotstand" oewer uns rinbraken is. Wi süll'n ok an denken, dat Greta Thunberg dei Ümweltprobleme nich

* Wann dei Geschicht schräwen worden is

entdeckt, sonnern mithulpen hett, dat dei Stein dortau in 't Rullen kamen is. Un dorüm mücht ick noch eins up denn' UNO-Klimagipfel, dei in'n September 2019 in New York afholl'n würd, ingahn. Kort nah ehr Räd sünd dei lütt Greta Thunberg un dei grot amerikan'sch Präsident Donald Trump aneinanner vörbilopen, jedein in ein anner Richtung. Disse Momang harr „Symbolcharakter". Greta will dei Welt redden; Donald dei amerikan'sch Wirtschaft. Sei will akkeraten Ümgang mit Rohstoffe, will dei Ümwelt un dat Klima schützen, dat dei Kinner von hüt ok morgen noch ein Taukunft hebben; hei lett ahn Rücksicht up Natur- orer Ümweltschutz Rohstoffe ut dei Ierd halen, ok wenn dorbi ganze Landstriche taunicht un sogor för lange Tiet unbewahnbor makt warden, denn hei brukt dei, wieldat nah sien Vörstellungen dei Taukunft ut „Wachstum", „Money maken" un „Amerika first" besteiht. Oewer denn' Schwatten Peiter hett je nich blot Trump in'e Tasch. Wenn Greta Thunberg in ehr Wuträd tauierst up denn' von Minschenhand makten, schlichten Ümwelt- un Klimataustand up unsen blagen Planeten tau spräken kümmt un dornah dei Politikers in'e UNO- Versammlung tauröppt: „… und alles, worüber ihr reden könnt, ist Geld und das Märchen vom ewigen wirtschaftlichen Wachstum!", sünd dormit dei Chefs von alle Industriestaaten meint, ründ üm denn' Ierdball, ahn Utnahm!

Ok dei Böwelsten in Dütschland möten sick disse Jack antrecken, denn wat dei bether för 't Klima dan un körtens för dei Taukunft beschlaten hebben, is man 'n Druppen up 'n heiten Stein. Oewer sülwst in dei EU weit keiner so recht, woans sei dat Klimaproblem bikamen will'n un dorüm jachten wi in Europa wiederhen ümmer flietig achter: „Höger, grötter, fixer – mihr Rohstoffe för Wachstum", an.

Un an dei Stell liggt dei Haas in'n Päper: Ümwelt- un Klimaschutz is nich för 'n Appel un 'n Ei tau hebben, dei is bannig düer. Üm würklich wat tau bewägen, müsst dei Industrie weltwiet Milliarden investier'n. Man dei Industrie is up Profit utricht! Tau'n Glück hett sei in Dütschland je dei „Volksparteien" an ehr Siet, dei dorüm so heiten, wieldat sei düre Projekte, as tau'n Bispill dei Kosten för dei „Energiewende", up dat Volk afwälzen. Un dei Gräunen sünd grad dorbi, ok so'n Volkspartei tau warden, denn weckein fief Euro för 'n Liter Benzin ansett, dei Pendlerpauschal nich anhäben orer dei Heizkosten upstocken will – unsowieder –, dei hett dorbi doch denn' Börger in't Og! Dei välen Autofohrten künn'n je inschränkt warden, oewer denn müssten dei Billjets för Iserbahn un Bus tau bitahlen sin un Bahn un Bus müssten, as tau DDR-Tieden, an jeden Melkbuck Station maken.

Sülwst wenn wi dei Probleme in Europa in 'n Griff kriegen würden, is 't ok blot för dei Katt, wenn bispillswies Amerika nich mittreckt. Dorüm schlag ick vör, dat ein von dei Gräunen-Bosse, mientwägen Bütikofer, dei kann tau Not je ok 'n Schneistorm af, nah Amerika flüggt (oewer up eigen Kosten) un solangen vör dat „Witte Hus" protestiert, bet Trump bi'n Klimaschutz mitmakt. Denn harr hei mal wat Orrigs fardig krägen!

ALL DEI VAGELS SÜND ALL DOR?

In olle Volksleeder spälen ofteins dei Johrestieden ein Rull un dat dat tau't Frühjohr besonners väle von so'n Leeder giwt, is kein Wunner. Besungen ward dorbi, dat nu alls wedder düchtig wasst un bläuht un ok: „Alle Vögel sind schon da … Amsel, Drossel, Fink un Star … alle Jahre wieder". –

Dat ick mi grad oewer denn' Text von dit Volksleed eins 'n Kopp maken würd, hew ick mi nich drömen laten. Dat hett natürlich sienen Grund.

Ick wahn in'e Rostocker Südstadt. Twüschen uns' Hüser ward dat in't Frühjohr dörch väle Böm, Büsch un Gras orrig gräun. Klor, dat so'n Rebeit ok Vagels anlockt un ick morgens ümmer dörch dei ehr Piepen, Fleuten orer Tirilier'n weckt worden bün. In dei letzten Johren hett disse Gesang oewer ümmer mihr afnahmen un in dit Johr wier von Amsel, Drossel, Fink un Star nix mihr tau hüren, keineinen Ton! Dorför ward ick von denn' Silbermöwen-Larm, dei intwüschen up dei Däcker von uns' Hüser bräuden, dörch dat Kraken von Näbelkreigen, dei in dei hogen Böm mank uns' Hüser ehr iersten Nester bugt hebben, dat Schackern von Elstern un dat Gurren von Ringelduwen ut 'n Schlap halt – is je ok wat, oewer dei groten Vagels larmen mihrst je blot rüm, weiten nich wat ein Melodie is …! Dat Tirilier'n von dei Lütten fählt mi un ick mücht dorüm weiten: Worüm kamen sei nich mihr, wo sünd sei afbläben? –

Wenn ick nu tau dei „Düstergräunen“ hüren würd, harr 'k dei Ursak fix funn'n: Dei Klimawannel is Schuld. Säker hebben dei högeren Temperaturen, dei dorför sorgen, dat dat Frühjohr bi uns nu vierteigen Daag ihrer anfangt as süss, ok wat mit denn' Vageltog tau daun, hett oewer woll nix mit tau kriegen, dat männigweck Orten sick nich mihr bi uns seihn laten. Fast steiht oewer, dat twüschen 1980 un 2010 dei Tahl von Vagels, dei süss bi uns in Dütschland bräuden, üm dei Hälft (!) trügggahn is un dat uns siet langen Tiet dei Wissenschaftlichen vör einen „stummen Frühling“ wohrschugen. As Grünn dorför tell'n sei bispillswies „Das Fehlen geeigneter Lebensräume un das Insektensterben“ up. Je, wenn dor dei Haas in'n Päper liggt, könn'n wi ok denn' „Verursaker“ gliek dingfast maken un dat is dei Minsch. Mit „Monokulturen“ as Rapp, Weiten un Mais hett dei Landwirtschaft väle Vagelorten ehr Läwensgrundlag nahmen. Mit Unkrut- un Insektengift sünd nägentig Perzent (!) von väle Insektenorten taugrunn gahn, Insekten, mit dei süss dei Vagels ehr Brut faudern. Dit Oewel hett nich blot Utwirkungen up denn' Vagelbestand up 't „flache Land“ sonnern ok up denn' in'e Stadt. Un dor drieben wi dat je mit unsen „Ordnungssinn“ noch up dei Spitz. Mit Harken un Lofpüsters hebben Gorn- un Landschaftsbu-Brigaden egalweg ehr Daun, solangen mank Büsch un Strück un up denn' Rasen rümtaumarachen, bet dei letzt Grashalm un dat letzt Bladd in'n Büdel is. Dat sei dormit ok Insekten un Wörm in 'n Sack püstern, dei dei Faudergrundlag för uns' „Stadtvagels“ sünd, kümmt ehr nich in 'n Sinn. Babentau warden alle Johr Strück un Büsch so kort schnäden, dat kein Vagel in ehr noch 'n Nest bugen kann. Un kum, dat dei Rasen anfangt gräun tau warden, maken em dei luden, groten Meihmaschinen ok all wedder kort. Oewer Vagels bräuden blot dor, wur sei nahst ok naug Fauder för ehr Jungen finn'n könn'n, süss kamen sei gornich ierst. Wenn wi nich bald upwaken un mihr för denn' Schutz von uns' Natur maken un ok in'e Stadt nich bald mihr up uns' Ümfeld achten, denn warden wi dat öfters mit 'n „stummen Frühling" tau daun kriegen, möglicherwies sogor – alle Jahre wieder!

Nu will ick nich blot schwatt malen, denn up dei ein Siet kriegen wi Minschen je bi lütten mit, wat bi rut kümmt, wenn wi dei Natur ümmer blot unnerboddern. Wieldat up dei anner Siet dei Grött von Flüchtendiert-Bestänn männigmal ok düchtig schwanken kann, giwt dat ok bi dei Vagels gaude un leege Tieden. Un dorüm hoff ick, in'e nehgsten Johr doch eins wedder von't Fleuten, Piepen orer Tirilier'n weckt tau warden.

ALLS BIO, ORER WAT?

In'n Speigel hew ick noch nie giern käken un nu in't Öller all gornich. Oewer ick bruk em. Morgens vör 't Koffiedrinken rasier ick mi. Un ick möt mit dei Visasch, dei hei mi vörspeigelt, trechtkamen, egal, wat s' mi geföllt orer nich. Dei Vördeil von denn' Badstuwen-Speigel is sien Grött. Mihr as Kopp un 'n lütt Stück Bostkasten wiest hei mi nich. Wenn ick nahst up 'n Flur in denn' groten Wandspeigel kiek, hew ick all Kledaschen an, dei mien Oewergewicht vertuschen. Liekers weit ick je, woans dat dor unner utsüht. –

Dei ein von mien Dokters seggt, dat in mien Öller so'n „Reserven" gaut sünd, dei anner, dat ick bi mien Fräterasch wat ännern möt, üm aftaunähmen. Dat heit, mien Buk stäkt twüschen Bom un Bork. As nu bi all dat Klima- un Ümweltgewes babentau noch faststellt würd, dat oewergewichtig Minschen ok tau dei „Klimakiller" hürn, bün ick in mi gahn. Wat ick upstunns bruk, sünd Ratschläg. Mien Dokters wull ick wägen dei Tweidüdigkeit in ehr Utsagen nich fragen un mi geiht dat intwüschen ok nich blot üm dei poor Pund tauväl. Mien Fru bröcht mi up dei Idee, doch eins Kuntakt tau Erich uptaunähmen, dei johrelang uns' Gornnahwer wier un nu bi dei „Gräunen" hoch anbunn'n is. Erich täuwte all in'e Veranda up mi. Hei nödigte mi in 'n Sessel dal, stellte Gläser un ein Karaff mit Wader up 'n Disch un säd:

„Bi uns Gräunen büst du richtig, wenn du dien eigen un dei globalen Ümweltprobleme unner einen Haut bringen wisst! An'n besten wier 't, wenn du bi uns mitmaken würst. Oewer du möst weiten, dat wi dorför blot noch Lüd anspräken, dei willens sünd, streng nah uns' gräune Ort tau läwen! Ick ward di glieks 'n poor Fragen stell'n." Bevör ick mi besinnen künn, leggte hei all los:

„Fangen wi bi't Äten an: Dien Utseihn nah schlöggst du di stats mit Gräuntügs ümmer noch denn' Buk mit dreckig Steaks, Koteletts orer Eier vull un …" Ick fohrte ut denn' Sessel tau Höcht, man Erich drückte mi wedder dal un säd:

„Entschulligung, ick hew nich wüsst, dat du di mit dat ‚Gräunen-Vokabulor' nich utkennst. Hür tau: Dreckig nömen wi Läwensmittel in dei wi ‚Schadstoffe' as Insektizide, Herbizide orer Pestizide vermauden, dat heit, alls wat nich ‚BIO' is. Oewer ok Elektroenergie, Heizungen orer technische Artikel nömen wi so, wenn sei nich ‚sauber' sünd. Man wieder. Wat för 'n Auto führst du?"

„So'n niemodenschen SUV, Benziner." Erich knep dei Ogen tausamen un frög:

„Wo is dei bugt worden?"

„Soväl ick weit in Indien." Mien Gägenoewer schlög sick vör'n Kopp:

„In Indien! Dor stäkt womöglich noch Kinnerarbeid in un denn noch 'n Benziner! Nee, dreckiger kann ein Auto je würklich nich sin. Dor warden nu E-Autos, sogor mit 6000 Euro Subvention anbaden, un du verrungenierst uns' Ümwelt mit 'n Benziner ut Indien? Mi sall 't nich wunnern, wenn du ok noch ein oll Ölheizung hest, billigen elektrischen Strom von so'n Allerweltsanbeider betreckst, Wader ut Plasteflaschen drinkst un mit 'n chinesisch Handy telefonierst!" Ick set in'e Klemm, denn alls, wat Erich uptellt harr, dröp würklich tau: Kein Bio-Äten, kein E-Auto, dreckigen Strom ut dei Stäkdos, dreckige Warmnis in uns' Stuwen un wat nich noch alls.

„Nu lat denn' Kopp man nich hängen", säd Erich. „Ick schick in'e nehgsten Daag poor Lüd mit nieg Verdräg vörbi. Ward twors 'n bäten dürer as nu, oewer dorför hest du denn ein gaut Ümwelt- un Klimagewissen un kannst wedder ruhig schlapen!" In dissen Momang kem ein BMW X6, Benziner, up denn' Hoff tau führen. Erichs Fru steg ut. Sei harr ein Sösspack Plasteflaschen in'e Hand, telefonierte mit 'n Huawei-Handy un röp twüschendörch tau dei Veranda rup:

„Erich, ick hew dien'n Wagen all ut dei Garasch halt, dat Wader utlad un in'n Keller dei Ölheizung anstellt. Vergät nich, dat du hüt Abend noch Versammlung hest. Dat is noch 'n orrig End tau führen! Dorüm hew ick di för unnerwägens denn' Rest von't Iesbein inpackt." Mi wier grad so, as wenn ick in'n falschen Film set, as Erich säd:

„Dat möst anners seihn: Ick hew wiede Strecken in uns' Land trüggtauleggen. Mit 'n Auto, wur dei Batterie all nah dreihunnert Kilometer leddig is, geiht dat nich, fix sall 't ok gahn un babentau möt ick in mien Stellung je ok 'n bäten repräsentier'n. Wat Heizung un Äten …" Wieldat ick all längst ut dei Dör wier, hew ick Erichs letzt Würd nich mihr mitkrägen. Worüm ok, sei wiern mi woll tau dreckig vörkamen.

DEI MAKT OMA!

Weddermal harr Lihrer Kraft,
Dat vörschräwen Pensum schafft.
Wiel bäten Tiet tau Paus hen blew,
Hei fix noch an dei Tafel schrew:
Jedein süll mal dei Frag nahgahn,
Woans Gewidder woll entstahn.
Tauhus süll'n sei sick oewerleggen,
Wat wier tau disse Sak tau seggen.
Un wat s' denn dortau ruterfunn'n,
Wier Thema för dei nehgste Stunn.
An'n annern Dag, wedder Physik,
Dor mellt sick Rita Wittmus gliek
Un seggt: Sei wüsst dat ganz genau,
Weckein bi uns hier in M-V,
Dei Gewidders mit Weihdag un Schweit.
Ümmer sommers tau Welt bring'n deit.
Un sei wier sick würklich ok wiss,
Dat dit ehr eigen Oma is!
Kraft fröcht nu gliek nah, orrig verstürt:
„Segg, Rita, hew ick dat richtig hürt?
Dien Oma? Wur büst du dorup kamen?"
„Ganz einfach, denn dat hängt so tausamen:
Anfangs hew 'k mi, as Sei, ok wunnert,
Man ümmer, wenn dat blitzt un dunnert,
Seggt Oma: ‚Lat dei blot fix aftrecken,
Hebb'n mi lang naug in'e Knaken stäken!'"

... UN PAPST KÜNN DONALD WOLL OK! (2019)

Dat hei nu bald Insolvenz anmell'n möt, harrn sick Franziskus un sien katholsch Karkenvolk woll nich drömen laten. Ward oewer woll so kamen, denn ein nieg' Gottvadder-Verträder up uns' Ierd is an't Warken. Hei hett dat „Witte Hus" in Washington tau sienen Haupt-Tempel makt un dormit denn' Petersdom afhängt. Dei urchristliche Botschaft: „Friede auf Erden und den Menschen ein Wohlgefallen" hett hei up „Amerika first!" reduziert un schickt sick mit Hülp von dit Schlagwurt grad an, denn' Vatikan bedüdungslos warden tau laten. –

Tweimal hebben sick dei Papst un dei Amerikansche Präsident all drapen. Üm mihr oewer sienen Glowen tau erfohren, sall bi so'n Audienz Franziskus Donald einmal fragt hebben: „Un wat glöwst Du?" In Rom hett Donald sick mit ein Antwurt woll noch trüggholl'n. Späder sall hei denn oewer tau sien Lüd seggt hebben: „Ick glöw, hei sitt up mienen Stauhl!" Disse Story, dei sick dei Amerikaner grad oewer ehr'n Präsidenten vertell'n, is natürlich utdacht. Oewer bi Trumps Allür'n, von dei uns je jeden Dag nieg' tau Uhren kamen, künn em so'n Idee dörchut tautrugt warden!

Nu is 't nich so, dat Trump ok noch prädigen kann, oewer wenn hei tau „Amerika first!" spräkt, künn hei getrost up dei Kanzel stiegen. Hei ward denn ümmer orrig pastoral un vergät dorbi ok nich mit dat Schwert von'n Erzengel an'e richtig Stell tau draugen. Un von dei oll'n Römer halt hei sick babentau noch giern Bistand in Latinsch: „Quod licet jovi, non licet bovi!" (wat denn' Jupiter tausteiht, steiht denn' Ossen noch langen nich tau!). Oewer wenn 't bispillswies üm denn' Hannelskrieg mit China geiht, hett Trump dat je nich mit 'n Partner tau daun, dei tau dei „bovis" up disse Welt hürt. Dei Hannelskrieg twüschen dei Vereinigten Staaten un China bremst dei Konjunktur von disse beiden gröttsten Wirtschaftsnationen up uns' Ierd bannig. Hei hett dormit ok grote Utwirkungen up denn' Welthannel. Nu ward dat bilütten iernst! Trump is 'n Grotmul. Wat hei so'n Upgaw hen kriggt, ahn dat dor wat an 'n Bom geiht, weiten woll blot dei Amerikaner sülben un dorvon woll ok blot 'n poor. Oewer em is je all männigwat nich tautrugt worden. Liekers süll hei bi so'n global Problem nich lichtfardig mit dei Wust nah 'n Schinken schmieten. –

Man, so langen dat „blot" Hannelskrieg is, kann je ümmer noch verhannelt warden. Wenn ierst dei Raketen an't Fleigen sünd, is 't tau lat. Wieldat dei Amerikansche Präsident je ümmer un oewerall bannig breitspurig upträden deit, ward villicht ok dat, wat hei tau dei weltwieden Konflikte seggt un ok all dan hett, nich so heit äten as kakt. Dorbi denk ick an dat Up un Dal mit denn' Nurdkoreanschen Präsidenten Kim Jong Un. Mal wier dat 'n lütten Raketenmann, dei sien Land nich wedderkenn'n würd, wenn dei Amerikaner em mal 'n Hark wiest harrn, denn wier dat ein wunnerborer Minsch un ein von Trumps utwählt Frünn un so wieder. Wat sall'n von so'n Hen un Her holl'n? Besunnenheit spräkt ut so'n Würd nich grad! Hett dei Amerikansche Präsident männigmal all vergäten, wat hei vör 'n poor Daag orer Maand seggt hett? Is dat Politik orer is dat Poker?

Verstahn kann 'n ok Trumps Personalpolitik nich recht. Unner keinen Nurdamerikanschen Präsidenten hebben dei hogen Staatsdeiner bether so stark wesselt – „You're fired!" – as unner Trump! Woans is dit woll tau düden? –

Naja, wi NATO-Europäer un Trump warden woll kum noch Frünn. Mi dücht, dat dei Chemie von anfang an nich so recht stimmt hett. Oewer so langen hei nich ümmer noch mihr Rüstungsutgawen von uns verlangt, süll'n wi em drönen laten. Nee, Frünn hett hei in Europa un ok süsswo up dissen Ierdball nich väl. Oewer, obschonst dat so is, sitt hei liekers ümmer noch in'n Sessel un stüert intwüschen sogor up ein tweit Amtstiet tau! Hei möt mihr as Brot äten könn'n! Künn 't sin, dat dor doch 'n bäten wat „Göttliches" achter stäkt?

AS ARBEIDSKLEEDUNG MÄKELBORGER TRACHTEN! (2018)

Uns DDR-Börger is je mal bibröcht worden, dat man dat Siegen lihren kann. Intwüschen hebben wi anner Tieden. Oewer as mi dei Sak mit denn' „Heimatminister" tau Uhren kem, hew ick mi in'n Stillen dacht: Kiek an, dei Bayern! Ick weit, dat dei Nurddütschen sowat nich giern hüren, liekers künn 'n je seggen: Von dei Bayern lihren heit siegen lihren! Helpt nix, sei bugen nu mal dei besten Autos, hebben dei best Fautballmannschaft un woll ok dei besten Politiker mit dei besten Ideen in'n Kopp.

Kann oewer ok sin, dat wi in Saken „Heimat" dei Näs vörn harrn un dei Bayer Seehofer bi denn' Mäkelborger Brotkorb afkäken hett. Denn künn'n wi von ein Plagiat spräken, blot dat 's kum nahtauwiesen. Kieken S', as Mathias Brotkorb noch Bildungsminister wier, hett hei in'n April 2016 ein grotorrig Wark unner dei Lüd bröcht. Dat wier sien nieges Landesprogramm: „Meine Heimat – Mein modernes Mecklenburg-Vorpommern", wat up fief faste un säker Pielers (nich so'n as bi dei A20) stahn süll:

Der „Heimathafen" Kindertageseinrichtungen, aus dem kleine Weltentdecker aufbrechen wollen in die große Welt; die „Heimatkunde" und Niederdeutsch stärken die Verbundenheit zur Region; die „Heimatsprache" Plattdeutsch als freiwilliges reguläres Schulfach in den weiterführenden Schulen; die „Heimatbildung" an den Universitäten unterstützt die Aus-, Fort- und Weiterbildung von Fachkräften sowie den Wiederaufbau eines Studienganges für Ur- und Frühgeschichte und die „Heimatkultur" als Begegnung mit anderen Kulturen sowie von Tradition und Moderne.

Up acht vullschräwen Sieden kann 'n denn noch nahläsen, woans dit Mammut-Programm mit wurväl Lüd un wurväl Zaster ümsett warden sall. Intwüschen is ut denn' Kultusminister ein Finanzminister worden. Oewer nu hett hei denn' Finanzminister ok an 'n Nagel hängt un wohen dei Haas mit sien Heimatprogramm lopen is, weit so recht keiner.

Jüst, as mi dit dörch denn' Kopp güng, läs ick in't Blatt, dat dei Bayer in sien Bundes-Binnenministerium ok noch ein Bundes-Heimatministerium up dei Bein stellen will un in'n sülben Ogenblick füll bi mi ok all dei Gröschen: Wat dei in Berlin könn'n, dat könn'n wi in Schwerin all langen. Wi bruken för dat „Fief-Pieler-Mammut-Programm" in Mäkelborg-Vörpommern ein „Heimatministerium"! Un denn let mi dei Infall nich mihr los. Wecker künn dat bäder in 'n Griff kriegen, as dei, dei sick dat Programm vör Johren utdacht hett? Denn harr hei wedder wat Orrigs tau daun un dat gew wenigstens ein Oas in uns' Mäkelborger Kulturwüst. Ok dat Personal för dat nieg Ministerium harr ick fix funn'n. Utschriewungen un all so'n Bürokram dorför sünd nich nödig. Wotau hebben wi denn' „Heimatverband" Mecklenburg-Vorpommern? Dei kumplette Vörstand künn furts in 't Heimatministerium wesseln, dei Vörsittersch ward Ministerstellverträder un dormit is denn ok gliek dat Problem „Frugensquot" in dröge Däuker. Un bädere Mitstrieder as dei Lüd von'n Heimatverband kann sick dei nieg Minister narens woanners tausamentrummeln. So'n Ort Fusion hett je noch mihr Vördeile. Dei langtögschen Projektförderungen sünd nich mihr nödig, wieldat dei Heimatminister nu dat Dörchsetten von sien Programm anwiesen kann. Wenn dorbi babentau noch all dei Mitglieder von'n Heimatverband M-V mit in 't Boot halt warden, kann dat Landesprogramm „Meine Heimat – Mein modernes Mecklenburg-Vorpommern" von Schwerin ut bet in 't lüttste Dörp dragen warden. Un dormit dei Lüd weiten, weckern sei vör sick hebben, süll'n tauminnest dei Ministeriums-Mitglieder sick as Arbeidskleedung Mäkelborger Trachten oewern Lief ströpen.

Ach, Sei meinen mien Infall mit dat Heimatministerium för M-V döcht nix? Na gaut, denn holl'n wi uns äben wiederhen an § 1 von dei Mäkelborger Landesverfatung: „Alls bliwt bi'n Oll'n!"

DEI GÄLE GEFOHR

„Üm uns' Muddersprak
Nieg tau beläben,
Sall 't 'n Minister
För Plattdütsch gäben.
Dat", so seggt Meiersch,
„Hett grad för Daagen,
Dei Heimatverband
M-V vörschlagen."
„Dit", seggt Möllersch,
„Hew 'k ok all vernahmen.
Säker ward'n w'

So'n Minister bekamen,
Wieldat väle Lüd tau denn'
Vörschlag stahn.
Denn dortau sünd
All Bewarbung'n ingahn:
Ut Vörpommern viertig,
Ut Mäkelborg Hunnert.
Un denn noch, dor hew
Ick mi sihr oewer wunnert,
Dat dor sülwst ein Chines
Un fief Sachsen mank stäken."
„Un", fröcht nu Meiersch,
„Könn'n dei ok all Plattdütsch spräken?"
„Nee", seggt Möllersch,
„Dat giwt woll noch Gewes,
Denn Plattdütsch spräkt
Würklich blot dei Chines!"

NIEMODSCHE PLATTDÜTSCHE LITERATUR IS NÖDIG!

Tau sien 29. Johrestagung harr dei Vörstand von'n „Bund Niederdeutscher Autoren" (BNA) för Mäkelborg-Vörpommern un dei Uckermark sien Mitglieder in 't Fritz-Reuter-Literaturmuseum nah Stemhagen inlad. As wichtigsten Punkt sett'en dei Schriewerslüd dorbi dei Rutgaw von Bauk XIV, „Plattdütsch Blaumen“, up ehr Tagesordnung. Wenn dei BNA (Grünnung: 22. Februor 1990) 2020 dörtig Johr olt ward, sall dat „Jubiläumsbauk“ för dei Läser prat stahn.

Von ehre Anthologie „Plattdütsch Blaumen“ hebben dei Platt-Autoren bether düddteigen Bäuker rutgäben, nu sall dat „Paradepierd“ von'n BNA üm einen Band rieker warden. Dat is för einen lütten Verein (25 Mitglieder) nich licht, alle twei Johr einen niegen, illustrierten Band up 'n plattdütschen Bäukermarkt tau präsentieren. Dor hürten väl Krasch un ok orrig wat an Finanzen tau. Wenn dei Verein dat liekers ümmer wedder fardig kreg, denn hett dat sienen Grund: Dei BNA hett nah dei Wend as ierst Verein in uns' Bundesland ein wichtig Upgaw in sien Satzung verankert: Dei Pläg von uns' Muddersprak! Dat wier för sien Schriewerslüd in all dei Johren, bet hüt hen, dei Richtschnur un ward dat ok taukünftig sin. Dormit hett dei BNA ein grot Verantwurdung oewernahmen, denn wi könn'n, wenn 't üm Plattdütsch in uns' Bundesland geiht, nich blot ümmer wedder up Reuter, Brinckman orer Tarnow trügggriepen. Wenn wiederhen up Platt schräwen Bäuker läst warden sall'n, denn möt dorför niemodsche plattdütsche Literatur prat stahn, Literatur, dei ok Kinner un dei ehr Öllern giern läsen! Dat dei Autoren von'n BNA dorbi up 'n richtigen Weg sünd, wiest dei „Fritz-Reuter-Literaturpries“, mit denn' dei Schriewerslüd 2011 för Bauk X, „Plattdütsch Blaumen“, utteikend worden sünd! Un wenn Sei eins wedder in 'n Bäukerladen rinkieken, denn warden Sei dor säker ok weck von dei „Pattdütsch Blaumen"-Bäuker finn'n un väl Freud bi't Läsen hebben!

Weck Schriewerslüd in uns' Land hebben sick up instellt, egalweg ehre Erinnerungen tau Popier tau bringen. Dei sünd ok nödig, oewer nich blot, denn wi führen, wat uns' Muddersprak angeiht, grad dörch ein schwierig Fohrwader. Laten wi uns up in, dat väl orer blot „Erinnerungsliteratur" up 'n Markt kümmt, dei mihrst in ein oldmodsches Platt schräwen is, denn gäben wi dei Asse ut dei Hand un dat Spill is verluren! Wenn Plattdütsch wiederhen bestahn sall, kamen wi nich ümhen, uns mit disse Sprak antaupassen. Wat nich heit, dat wi wat upgäben, sonnern dat wi dat, wat wi hebben plietsch in'e Waagschal schmieten. Kieken S', wenn sick dei Planten un dat Veihtüg up uns' Ierd nich oewer Millionen Johr ümmer wedder anpasst harrn, wieren s' hüt nich mihr an't Läwen!

För uns Schriewerslüd süll dat heiten: Mit uns' Plattdütsch dei hütige Tiet antaugahn, oewer Fautball, Korruption, Kosmonauten, Krieg, Wahlen, denn' Nahwer, dat Internet, Handys un womit wi uns süss noch jeden Dag beschäftigen, tau schriewen. Un dat möt nich ümmer blot wat tau'n Höegen sin! Dorbi kümmt uns dei grotorrige plattdütsche Wurtschatz von uns' Klassiker Reuter, Brinckman, Gillhoff orer Tarnow entgägen, mit denn' wi all dei literarischen Richtungen bedeinen könn'n: Von Prosa, Kortgeschichten bet tau'n Roman, Lyrik, Reportagen, Riemels, Läuschen, Kolumnen orer Satire. Plattdütsch is ein Sprak un kann dorüm ok all dat, wat Hochdütsch kann! Dat makt twors 'n bäten mihr Mäuh, denn so licht is 't nich oewer dat hütige Läwen up Platt tau schriewen, wieldat uns dorbi männigmal dei niegen, modernen Utdrücke fählen as bispillswies Computer orer Fernsehapparat. Helpt nix, denn möten wi äben eins tau't Hochdütsche schielen orer uns bi anner Spraken ümkieken. Un dei „Ultras" unner dei Plattbewohrer süll'n weiten, dat uns' Muddersprak dordörch keinen Schaden nümmt, sonnern ihrer rieker un ok 'n Stück moderner ward. Wenn wi dat nich daun un stur blieben, verkümmert dei Sprak! Ick weit ut Erfohrung, dat plattdütsche Literatur, up so'n niemodsche Ort schräwen, hüt all giern, ok von jungsche Lüd, tau Hand nahmen ward un taukünftig säker noch mihr!

UPPROPPEN ORER INPLANTEN? (2017)

Dat dat üm 't Bestahn von uns' Muddersprak nich grad rosig utsüht, weiten wi. Dorüm is jedein Vörschlag, dei Bäderung verspräkt, iernst tau nähmen. Man wenn so'n Vörschlag blot mit orrig wat an Geld un groten Upwand ümtausetten is, süll ok eins oewer nahdacht warden, wat för 't Plattdütsche unnern Strich bi rut kümmt.

Is nu woll ein Johr her, as dei Idee upkem, an 'n poor utsöcht Schaulen in uns' Bundesland dat Abitur up

Platt antaubeiden. Hürt sick gaut an un taulierst hew ick ok dacht: Dor kann ein Schauh ut warden. As ick oewer denn' Artikel (Ostsee-Zeitung von'n 5. April 2017) von't Bildungsministerium tau dit Problem läst harr, würd mi klor, dat dei Luft intwüschen ut 'n Ballon is.

Denn, anners, as dat noch in'n April 2016 heiten ded, hett dat Abitur up Platt keinen Wiert, wiel Plattdütsch kein Frömdsprak is un dormit Russisch, Latein orer Englisch nich ersetten kann! Wat bringt ein'n Abiturienten nu so'n halfsieden Abitur in un wat kümmt för uns' Muddersprak dorbi rut? För denn' Abiturienten is dat 'n Ort „Trophäe" un dei, dei sick dat utbaldowert hebben, könn'n sick fiern laten orer sick gägensietig up dei Schullern kloppen. Un denn hebben wi ein Situation, as wi dei von'n „Spitzensport" her kenn'n. För dat Bestahn von uns' Muddersprak bruken wi oewer kein'n Spitzensport sonnern „Breitensport", dat heit, nich baben wat upproppen, sonnern unnen wat inplanten!

Blot tau Erinnerung: Dat ehemalig Volkskulturinstitut Rostock, dei verschütt gahn „Landesheimatverband M-V" un väle Hülpslüd ut männigein'n Plattverein hebben väle Johre lang, landup, landaf in Mäkelborg-Vörpommern, dat „Unnen-Inplanten" bedräben un twors mit denn' Plattdütsch-Weddbewarb in Kinnergorns un Schaulen. Dor, in'e Kitas un in dei unnersten Schaulklassen is dei Plattdütsch-Saat ümmer gaut uplopen. Dat hett sienen Grund, denn in dit Öller sünd dei Kinner för Plattdütsch noch „warm tau maken“ un ok dei Lihrer hebben dorbi rieklich Freud. Un wat ruttaustrieken is: Nich blot ’n poor Hunnert Kinner hebben sick mit Plattdütsch befat un Geschichten, Gedichte orer Sketsche lihrt un vördragen, sonnern dat wiern ’n poor Dusend! Ick hew väle Johr lang bi disse Weddbewarbe in’e Jury mitmakt un weit ut Erfohrung, dat Plattdütsch in’e Kitas un in dei Schaulklassen ein bet vier besonners gaut ankümmt, dat af föfte Klass dei Begeisterung nahlett, wiel denn dei Lihrplan dei Frietiet inschränkt un ok dei Interessenlag von dei Schäuler ein anner ward. Oewer wi harrn bi dei Weddbewarbe liekers ümmer noch Schäuler ut dei högeren Klassen mitbi un ok weck von’t Gymnasium! Un noch wat: Bi mien Läsungen sitten je nich blot Grieshoorige in’n Saal, sonnern ok weck, dei nich so olt sünd, und Jungsche. Dei frag ick männigmal, wo sei Plattdütsch lihrt hebben un krieg öfters dei Antwurt, dat sei in’e Schaul bi’n Platt-Wettbewarb mitmakt hebben un dat dei Sprak sei sietdem nich wedder loslaten hett. Hüt nömt man sowat: Nachhaltigkeit.

Dei niege „Heimatverband M-V“ leggt grad in sien Propjekt „Heimatkiste“ mit dei Rubrik ‚Vörschaulkinner un Muddersprak‘ akrat denn’ Grundstein, up denn’ späder mit dei Plattweddbewarbe wieder upbugt warden kann.

Un wenn disse Weddbewarbe denn wedder up breide Fäut stellt warden, dat heit oewerall in uns Bundesland Johr för Johr stattfinn’n, daun wi woll dat Best för uns’ Muddersprak, wat in’n Momang möglich is, denn ein Fack Plattdütsch ward dat in uns' Grundschaulen ut Kostengrünn nich gäben. Dorüm süll'n wi nich „Spitzenplatt“ finanzier'n, sonnern „Breitenplatt“, mihr giwt dei Situation tau Tiet nich her.

TOP ORER FLOP? (2019)

Dat is as mit 'n grippalen Infekt. Du wisst em nich hebben, männigmal verschont hei di ok dat ein orer anner Johr lang, man denn kriggt hei di doch tau faten. Ick will dormit up dei „Hymne för Mäkelborg-Vörpommern“ anspälen. Solang ick trüggdenken kann, is bi irgendein Kultur- orer Heimatveranstaltung in uns' Bindesstrich-Bundesland dei Sprak ümmer wedder eins up so'n Landeshymne bröcht worden. Mihrst wier dei Sak nah fief Minuten von'n Disch, oewer nich ümmer. 1993 würd wohrhaftig ein Weddbewarb för ein Mäkelborg-Vörpommern Landeshymne utdragen, üm dormit ein Leed tau hebben, mit dat dei „Identität“ för dat Land herstellt warden künn, wat ut dunnmalig Sicht woll tau verstahn wier. Oewer, nahdem dei Hymnenweddbewarbs-Sieger faststünn, wier dei Aktion fix vergäten, Melodie un Text verschwünn'n in'e Schuwlad.

Intwüschen is ümmer wedder eins versöcht worden ein Heimatleed för M-V up dei Bein tau stelln, bether vergews. Nu oewer süll dat anners kamen. Dei Heimatverband Mecklenburg-Vorpommern e.V. harr körtens denn' Weddbewarb för ein Landeshymne anschaben, deip in dei Vereinskass gräpen, üm mit 20000 € Komponisten un Texter antaudrieben, ditmal wat vörtauleggen, wat ok in dei Uhren von Mäkelborger un Vörpommern hängen bliwt un dormit dat Tüg tau ein orrig Landeshymne hett. Kein Wunner, dat bi so'n Priesgeld binah 150 Vörschläg makt worden sünd. Ein Jury hett dorvon vier utsöcht: „Mein Mecklenburg-Vorpommern" von Kally Darm; „Mecklenburg-Vorpommern-Hymne" von Ditte Clemens un Gerald Uhlendorf; „Mein Mäckelbörg-Vörpommern" von Willy Freibier un „Sei gegrüßt mein Heimatland!" von Wolfgang Bernstein.

Dei Börger in uns' Land künn'n nu utwählen, wecker von dei vier up dat Siegerpodest stahn süll.

In'n April 2019 würden dei Titel in't Stralsunner Theoter vörstellt un dei Sieger kört. Wunnen hett Kally Darm mit „Mein Mecklenburg-Vorpommern". Dei Kosten legen dunn all bi 40000 €! Tau dei Veranstaltung sünd, wenn 't hoch kümmt, twindig Lüd nah Stralsund kamen! Dornah kann dat Interesse an dei niege Hymne je nich grot wäst sin un wat Besonners is nah mien Meinen ok nich bi rut kamen. Un grad an dei Stell liggt dei Haas in'n Päper.

Ick hew mi dei vier utsöchten Hymnen mihrfach nipp anhürt. Mi hett keinein dorvon ut 'n Lähnstauhl räten. Dei Texte seggen dat ut, wat tau so'n Hymne hürt. Dei Melodie von dei drei in'e Hochdütsch-Fatung hett ok 'n bäten Hymne-Charakter, dei Plattdütsche mihr wat von'n Volksleed, un mi kümmt dat so vör, as wenn ick, tauminnest deilwies, all eins wat dorvon in ein von Freibiers Leeder hürt hew. Liekers geföllt mi sien Wark. Ok, wiel dei Text up Platt schräwen worden is un ick harr em denn' Lorbeerkranz günnt, obschonst ein Hymne in mien Uhren anners klingen müsst. Oewer väle Lüd seihn dat säker ganz anners as ick. –

Wat sick dei Sieger-Hymne in dei Harten von uns' Inwahner fastsetten ward, steiht in'e Stiern. Kieken S' dei Lüd ut Mäkelborg un dei ut Vörpommern sünd Dickköpp. Warden „Stier und Greif" sick breidschlagen laten, ahn besonnern Grund, vier Hymnen-Strophen mit denn' Refrain utwennig tau lihren un sick babentau noch ein nieg Melodie intauremsen? Dor hew ick so mien Bedenken.

Ick glöw ihrer, dat nah dei Vereinsabende dei Mäkelborger Maaten wedder luthals „Wo de Ostseewellen trecken an den Strand", „Ick weit einen Eickbom de steiht an de See …" orer „Wo die grünen Wiesen leuchten weit und breit …" singen warden un dei Maaten in Vörpommern „Wenn in stiller Stunde Träume mich umwehn …". Dat sünd dei Texte un Melodien, dei sei siet väle, väle Johren kennen un sungen hebben un dor gahn sei ok nich von af. Wur deip sowat sitt, hew ick mit mien Mudder, ein Vörpommersche, beläwt. Obschonst sei denn' gröttsten Deil von ehr Läwen in Mäkelborg taubröcht hett, säd sei, wenn wi abends tau mien Gitarr sungen hebben: „Späl tau'n Schluss man noch dat Pommernleed!"

GELDWEGSCHMIETEN?!

Einmal in'n Maand tau Stadt rinführ'n,
Wier ein von Friederichs Allür'n.
Ahn Elsbeth, so harr hei sien Rauh.
Hei söcht kein Kleeder orer Schauh.
Nah technisch Tügs steiht em sien Sinn,
Blot in so'n Ladens geiht hei rin.
Dor stöwert hei denn stunn'nlang rümmer
Un wat för 'n Husholt find hei ümmer.
Ok hüt ded hei wat Brukbors finn'n,
Hett orrig wat in'n Büdel binn'n.
Tauhus packt hei dei Saken ut,
Dor fohrt em Elsbeth in dei Schnut:
„Bi lütten geiht mi dat tau wiet,
Du köffst jewoll blot Schät un Schiet,
Wat sall tau'n Bispill dit hier sin,
Dor krieg ick keinen Klauk nich in!"
„Elsbeth, nu lat doch dat Gezeter,
Dat Ding dor is 'n Barometer,
Wiest uns, wat kriegen wi för Wäder."
„Herrgott, dit ward je ümmer bäder",
Seggt Elsbeth, bannig argerlich.
„So'n Ding, dat bruken wi doch nich!
Dit is je 't reine Geldwegschmieten!
Wotau hebben wi dien Knaken-Rieten?"

BRÜDEN UP HOLSTEINSCH UN MÄKELBORGER ORT!?

Dei Hinstorff Verlag harr mit dei Verantwurtlichen afstimmt, dat ick Anfang November bi dei „Plattdütsche Bäukermess“ in’n Lichtwarksaal von dei Carl-Toepfer-Stiftung, Hamborg, mien nieges Bauk vörstellen künn. Unner „Autoren lesen und signieren“ wier dorüm in denn’ Ankünnigungs-Flyer ok mien Nam un dei Klockentiet för dei Läsung tau finn’n. –

Up dei Autobahn is ’t von Rostock bet Hamborg ’n Kattensprung. Nah twei Stunn Fohrt wiern wi an Urt un Stell. Dei Mitarbeider von’n Verlag harrn fix denn’ Hinstorff-Stand mit dei välen, schönen plattdütschen Bäuker warbungs- un verkopsdrächtig utstaffiert. Wi künn’n uns sogor noch ’n Pott Koffie günn’n, bevör middags dei Besäuker in denn’ Saal strömten. –

Ein öllerer Herr in fien Kledasch stüerte kort vör mien Läsung up unsen Stand tau un frög up holsteinsch Platt, wat hei woll eins mit denn’ Schriewersmann Mahnke ’n bäten schnacken künn, wieldat hei em kenn’nlihren mücht. Nahdem ick mi vörstellt harr, säd hei:

„Aha, dei jüngst sünd Sei je ok nich mihr. Soväl ick weit, kamen Sei Ehr Bäuker bi denn’ Lübecker Hinstorff Verlag rut. Sünd dat dei, dei hier up ’n Disch liggen? Un woväl …“ Ick unnerbrök sien Räd:

„Entschulligung, oewer ick mücht ierst wat klorstell’n, dei Hinstorff Verlag is nich in Lübeck, sonnern in Rostock tauhus!“

„In Rostock? Is mi nich so bekannt, wo liggt dei Urt denn?“ Naja, dei Frag hett mi nich grad argert, oewer doch woll verbast. Dorüm wull ick em ’n bäten up ’n Arm nähmen un säd:

„Rostock liggt in’n Osten, in Mäkelborg-Vörpommern. Ein lütt Habenstadt, dei kum up ein Landkort tau finn’n is.“ Man mien Ökeln kem nich bi em an.

„Oh, oh, oh“, wunnerte hei, „in’n Osten? Un dor giwt dat ’n Verlag, dei plattdütsche Bäuker druckt? Könn’n Sei dorvon läwen?“ Wat süll ick dortau seggen? Hei kem mi mit ein Faststellung tauvör:

„Dat Sei woanners herkamen, hew ick all an Sei Ehr Sprak markt. Dat is denn woll Mäkelborger Platt. Hürt sick bäten frömd un ruch an, nich so schön as uns’ holsteinsch Platt, oewer dorför könn’n Sei je nix!“ Ick termaudbarste mien’n Kopp noch nah ein passig Antwurt, as hei mi nipp ankek un frög:

„Sei will’n nahsten up Platt ut Sei Ehr nieg Bauk wat vörläsen, können Sei dat oewerhaupt?“ Dit würd mi nu krupen un dorüm kem ick em ’n bäten dwatsch:

„Ich weit je nich, wat Sei oewer dei Lag von dei Ostdütschen nah 1945 Bescheid weiten. Dorüm verklor ick Sei dat kort. Hochdütsch, wat je bi uns verbaden wier, kann ick gornich orrig spräken, denn wi harrn je Russisch as Amtssprak. Un wenn wi wat beräden wull’n, wat keinein mitkriegen süll, hebben wi Plattdütsch spraken. Dordörch bün ick dat all as Kind anworden, Plattdütsch tau schnacken, un dat is sotauseggen bet hüt mien Muddersprak. Oewer wieldat wi je egalweg Russisch spräken müssten, hett dat affarwt un dorüm hürt sick uns' Platt, as Sei je all faststellt hebben, 'n bäten frömd un ruch an." In denn' Momang würd mien Läsung ankünnigt. Ick müsst up dei Bühn. –

Intwüschen harrn mien Kollegen unsen Stand 'n bäten ümbugt, mien Bäuker sortiert un tau 't Signieren prat leggt. Up Köpers brukte ick nich langen luern. Ick harr all in orrig 'n poor Bäuker mienen Namen kritzelt, as dei öllere Herr wedder vör mi stünn. Oh, dacht ick, nu ward hei di woll för dat Brüden Mat nähmen. Oewer dat kem anners:

„Wat Sei äben vörläst hebben, hett mi gefoll'n", säd hei, „signieren S' man dat Bauk för mi un noch ein anner ut Sei Ehr Fedder dortau. Ein Frag hew ick liekers noch: Nu, nahdem wi ein einheitlich Dütschland hebben, fählt Sei doch nix mihr, orer?"

„Doch", gew ick as Antwurt, „bi uns ward tau wenig Russisch spraken!" Man nu wull ick mit denn' Spijök Schluss maken un mit dei Wohrheit an 't Licht, oewer hei kem mi wedder, ditmal up wiesnäsig Ort, tauvör:

„Sei könn'n schöne Geschichten schriewen un vertell'n, binah so schön as dei von denn' Schalk, dei in Mölln ein Denkmal hett! Sei weiten doch, weckern ick mein?" Hei nähm sienen Krückstock tau Hand un peikte ut denn' Saal. Kiek an, dacht ick, dor hebben äben doch woll, dörtig Johr nah denn' Muerfall, twei olle Vöß noch 'n Stück oewerbläben Grenztun afräten!

GENDERN – WOTAU? (2019)

Weckein sick mit uns' Sprak nich besonners befaten deit, ward so'n Zeitungsartikel as: „Schluss mit dem Gender-Unfug!“ kum läsen, denn hei kann mihrst mit denn' Titel nich väl anfangen. Wiel oewer grad in'e letzt Tiet in dei Bläder öfter eins wat tau „Gender“ orer „gendern“ schräwen steiht, is 't villicht ganz gaut, wenn 'n sick dortau 'n Kopp makt.

Dat Wurt Gender kümmt ut dei englisch Sprak un heit soväl as Geschlecht. Dormit ward dat soziale Geschlecht anspraken, dat heit alls, wat för Frugenslüd un Mannslüd von Bedüdung is. Dei Minschen sünd bether ok mit dat, wat dortau in'n Duden orer in't Lexikon steiht, recht taufräden. Oewer ümmer wedder danzt je dei ein orer anner eins ut'e Reih. Hüttaudag sünd dat mihrst „Wohlstandsgeschädigte“, dei süss wieder nix tau daun hebben, as sick Undög uttauklamüstern. Rutfunn'n hebben dei dorbi, dat in uns' Sprak dei Gliekstellung von'e Geschlechter scheif liggt, wieldat sei kierlstopplastig is un dei Wiewer dorbi tau kort kamen. Dorüm will'n sei dei Sprak „gendergerecht“ maken, fuschen nu an ehr rüm, üm ein'n „geschlechterbewussten Sprachgebrauch“ dörchtausetten. So ganz nieg is dat oewer nich, all tau End von't vörrig Johrhunnert güng 't mit denn' Spijök los un nu kakt dat grad wedder eins hoch.

Worüm geiht dat bi't Gendern? Wenn Sei sick nu mit disse Geschicht beschäftigen, sünd sei ein Läser. Nu is dat Wurt Läser oewer männlich: „Der Leser" un dat kann nah Meinung von dei Gender-Lüd nich so wiedergahn! Dorün will'n sei, dat taukünftig schräwen warden sall: Leser/innen orer Leserinnen un möglicherwies ok mit denn' „Genderstern" Leser*innen. Dat heit, bi all dei Würd, dei in uns' Sprak männlich sünd, as tau'n Bispill Lihrer, Perfesser, Durwart unsowieder, sünd dörch dat Anbammeln von „innen" dei Geschlechter gliektaustell'n, un, wo dat nich geiht, möten „geschlechtsneutrale" Würd funnen warden! –

Alls Tüdelkram seggen dei Sprakwissenschaftlichen, denn keinein hett dat Recht, in ein Sprak intaugriepen. Dortau kümmt, dat dat grammatische Geschlecht nich von dat biologische Geschlecht afhängig is orer anners seggt, dei beiden Begriffe hebben nix miteinanner tau daun. Babentau wedderspräken dei Ännerungen mit Schrägstrich, Bindestrich orer Genderstiern uns' dütsche Orthographie. Ok bi geschlechtsneutrale Würd kann 'n sick fix vergaloppier'n. Tau'n Bispill verstahn wi unner „Studierende" wat anners as unner „Studenten". Männigmal schlagen dei Gendern-Verträder ok bannig oewer dei Sträng, wenn sei bispillswies von „Christinnentum" spräken.

Unner dat Motto „Schluß mit dei Sprakgenderisierung!" hebben sick körtens mihr as 100 Prominente tau Wurt mellt. Sei hebben mit dissen „Aufruf gegen die Verhunzung der deutschen Sprache" denn' Genderunsinn an 'n Pranger stellt un oewerall in uns' Republik dorför sihr väl Bifall krägen. Sei laten uns ok weiten, worüm sei denn' Upraup unnerschräwen hebben: Wieldat dei gendergerechte Sprak sick up ein'n „Generalirrtum" stütten deit, appeldwatsche Würd in'e Welt sett un nienich 'n Bidrag tau dei Bäderstellung von Frugens is orer ward!

Denn' Upraup stimm ick tau, harr oewer ok ahn em dei Plattdütschen bi ein Läsung mit: „Leiw Tauhürer" anspraken, wieldat ick mi wiss bün, dat sick dormit as ümmer, Frugens un Kierls oewereins anspraken fäuhlen. Un denn föllt mi noch in, dat männigmal lütt Kinner giern eins gendern: As uns' öllst Söhn noch in 'n Kinnergorn güng, hett hei uns vertellt, dat hei von ein „Ärzterin" unnersöcht worden is.

VERBIESTERT?

Friederich un sien Fründ Manner,
Stahn eins wedder bieinanner.
Sei stell'n grad fast, dei Minsch ward kläuker,
Stäkt hei sien Schnut ofteins in Bäuker.
Un Manner seggt tau Friederich:
„Niemodsche Bäuker liggen mi nich.
Dor krieg ick keinen Klauk nich in,
Kiek giern in olle Schwarten rin.
Läs nu nah Johren wedder mal
Von denn' Karl May ‚Dat Kapital'!"
„Nee, Manner, nee ", seggt Friederich,
„So dömlich büst du süss doch nich!

Dit fleuten je Sparlings von't Dack hendal
Dat Karl Marx hett schräwen ‚Dat Kapital'!"
Manner kickt Friedrich fragwies an:
„Woans man doch verbiestern kann!
Ick hew mi ok all bannig wunnert,
Un mi grad fragt bi Siet Tweihunnert,
Womit hängt dat woll blot tausamen,
Dat kein Indianers in vörkamen!"

EIN HABENSTADT IS KEIN RUHEFORST!

Mi kümmt ümmer dei koll Koffie in'e Schloek wedder rup, wenn ick in't Blatt läsen möt, wat dei ein orer anner Inwahner middenmal an uns' Habenstadt Rostock uttausetten hett. Tau'n Bispill können so'n Lüd Schäp nich lieden, sünnerlich Musikdampers (Kreuzfahrtschiffe) in Warnemünn. Dei sall'n, wenn sei för einen Dag dor fastmaken, angäwlich so väl Rok ut ehr Schosteins stöten, dat weck Minschen, besonners dei, dei up dei anner Siet von'n Seekanal, in Hohe Düne, in ehr Luxus-Appartements wahnen, ümmer kort vör 't Ersticken sünd. Oewer soväl ick weit, sünd dei „Grenzwerte" för „Luftschadstoffe" in Warnemünn noch nie nich oewerschräden worden! Oewer disse „Smok" allein makt dei Lüd je nich fardig. Sei kamen ok nich in 'n Schlap, wieldat dei Damper-Kapteins ut Vergnäugen un ahn Erbarmen mit ehr Typhons (Schiffssirene) gruglig Larm maken! Dat bi't In- orer Utlopen von Schäp oewer dat Typhon international fastleggt Signale twüschen Lotsen, Schlepper usw. gäben warden, schient för dei „Schlaplosen" nich nödig tau sin. Dat sünd denn woll ok dei Lüd, weck bi'n NABU (Naturschurtzbund) denn' Andrag stellt hebben, Möwen tau tüchten, dei nich mihr schriegen!

Ick bün oewer twindig Johr lang nah Warnemünn tau Arbeid führt. Mi wier woll grugen worden, wenn ick bi't Lopen oewer dei Brügg an'n Ollen Strom, kein Schippssiren dump tuten orer Möwen lut schriegen hürt harr un wenn mi dor nich dei Geruch von Fisch, Teer un Diesel in'e Näs krapen wier. Dat alls, un noch orrig wat mihr an Gewäs un Rükels, hürt tau einen Haben, süss läwt hei nich! Un blot denn, wenn so'n Haben läwt, giwt dat dor Arbeid, ward Geld verdeint un Stüern an 'n Staat bitahlt!

Ut dissen Blickwinkel seih ick ok denn' Fischeriehaben un Deile von'n Stadthaben in Rostock. Wenn in Marienehe Holt ümschlagen ward, denn pultert dat. Dat dat ok noch in Gehlsdörp wohrnahmen ward, is normal. So'n „Larm" maken Habens nu mal. As in Marienehe noch dei Trawlers legen un Fischmähl inkakt würd, rök orer stünk dat männigmal ok in Rostock dornah, je nahdäm, woher dei Wind weihte. Klor, wi hebben ok eins dei Näs krus treckt, oewer dorüm doch nich oewer dei Hochseefischerie schimpt, bi dei 'n poor Dusende Rostocker in Lohn un Brot stünn'n! Orer wenn up dei Neptunwarft dei enzelnen Schippsplatten tausamenschweisst warden süll'n, oewer noch nich ganz passig wiern, denn kemen der „Richter“ mit denn’ schworen „Maker“ (Vörschlaghamer) tau’n Insatz. Dat Ballern wier in ganz Rostock tau hürn, an’n Dag un ok nachts. Jedein von dei oll’n Rostocker kann sick dor gaut an erinnern. Oewer hebben dei sick doroewer uprägt? Nee, sei wüssten: Dor ward wedder ein nieg Schipp bugt, wat Rostocks Wollstand wassen lett un wenn sei sülben up dei Warft ein Anstellung harrn, denn wier dat Musik in ehr Uhr’n!

In dissen Tausamenhang stött mi noch ein Malligkeit up: Is dat nich dömlich, wenn Minschen dei Stadt verlaten un up ’t Land trecken, üm ehre „Rauh“ tau finnen, oewer miteins faststell’n, dat dor all vör ’t Upstahn dei Hahns kreigen un dat dat in’t Dörp nah Schwien- orer Kauhschiet rückt. Dat möten woll deijenigen sin, dei würklich glöben, dat Käuh lila utseihn. Oewer missen will’n sei Häuhnersupp, Schwiensbraden orer Rumpsteak nich un rägen sick hellschen up, wenn bi’n Discounter eins wedder dei Pries dorför anstägen sünd. Nee, so’n „Larm“ as Hahnenkreigen orer Kauhbölken könn’n s’ nich lieden. Oewer wenn sei Formel 1 in’t Fernseh kieken, ward dei Stereoanlag updreiht, dat dei Wänn’ wackeln! Un wenn sei mit ehren 450-PSigen SUV (Geländewagen) abends noch fix eins tau’t Bierhalen führen, dörf dei „Sound“ von dit „Stratenschipp“ nich tau oewerhür’n sin, sall doch jedein weiten, wecker dor grad dei Dörpstrat dalmaracht. Naja, wat sall ’n dortau seggen? Weckein so’n „Larm“ nich afkann, dei dörch Arbeid in einen Haben upkümmt orer natürlicherwies in ein Dörp, süll nich rümjammern, dei Tiedingsläser nich langwielen, keinen Striet von'n Tun bräken, sonnern wegtrecken, dorhen, wo hei herkamen is orer wo dei Päper wasst, denn ein Habenstadt orer 'n Kauhstall ward un is nu mal kein Ruheforst!

EIN JENAER PERFESSER UN DEI HOCHSEEFISCHERIE

An'n 16. Februar 2019 hebben dei Wissenschaftlichen mit dei Rutgaw von ein Edition an denn' 185. Geburtsdag von Ernst Haeckel erinnert. Dei Mediziner, Zoolog, Philosoph un Friedenker würd an'n 16. Februar 1834 in Potsdam burn un is an'n 9. August 1919 in Jena storben. Sien Kontakt tau dei Schriften von Alexander von Humboldt un Charles Darwin hebben denn' Forscher, dei tau dei bedüdensten dütschen Wissenschaftler hürt, frühtiedig prägt. Sien hoges Anseihn in'e Fackwelt kem dörch grotorrige Schriften tau meeresbiologische Forschungen taustann. Dei bröchten em ok dei „Berufung" tau'n Perfesser för Zoologie an'e Universität Jena in.

Wat hett nu 'n Jenaer Zoologie-Perfesser mit dei Rostocker Hochseefischerie tau daun? Anfangs dei Sösstiger würd von boewelst Stell beschlaten: Ahn Wissenschaft un Forschung geiht dat bi dei DDR-Hochseefischerie nich wieder. In Rostock-Marienehe würd 1955 dat „Institut för Hochseefischerie“ gründ un all 1963 löp up dei Wismersch Thesenwarft dat DDR-Fischerieforschungsschipp „Ernst Haeckel“ von’n Stapel (wat näbenbi dei ierst Forschungsschipp-Niebu in Dütschland nah denn’ 2. Weltkrieg wier!). All langen för denn’ Stapellop is oewer denn’ Namen för dat Forschungsschipp beraden worden. Denn stünn fast, „Ernst Haeckel“ süll ’t heiten. Dei Wahl is nich ümsüss up denn’ dütschen Wissenschaftler ut Jena (tau dei Tiet DDR) foll’n, dei bi Meeresforscher in alle Welt bekannt wier un dei mit sien Forschungsergäwnisse för besonnere wissenschaftliche Leistungen stünn.

Dat FFS „Ernst Haeckel“ wier dunnmals ein von dei modernsten Forschungsschäp weltwiet. Dat Schipp harr seemännsche un wissenschaftliche Gerätschaften an Burd, dei ein hoge Präzision utteikente, dortau twei Radaranlagen un ein Sülwststüeranlag. Dei Wissenschaftlichen künn’n up See in elben up dat Modernste inricht Arbeitsrüm un Laboratorien ehr Arbeit nahgahn. Ein Besonnerheit wier, dat mit dei Reling Podeste utklappt würden, von dei ut Ozeanologen, mit Hülp von Deipseewinn’ Gerätschaften un Sonden bet tau’n Meeresgrund (sössdusend Meter) dallaten künn’n. Unner Deck stünn’n twei Maschinen prat, dei Kraft naug harr’n, üm ok mit schwor Fanggeschirr tögig fischen tau könn’n. Dat schnittig bugt Schipp segh ihrer as ein Hochseejacht ut, blot A-Mast un Heckslipp wiesten up hen, dat ’t sick üm ein Fischeriefohrtüg hanneln ded. FFS „Ernst Haeckel“ wier up See un in’e Habens ein Henkieker!

Dat Fischsäuken wier dei ierst Upgaw von dat Forschungsschipp; späder kem hoge Wissenschaft tau. Anfangs würd allein wat utforscht, späder mit utlännsch Schäp tauhop. Un as dat mit dei Ökonomie losgüng, dampten dei Wissenschaftlichen nich mihr wochenlang bet tau dei Fischgrünn an Burd mit, sonnern flögen mit „INTERFLUG" achter dat Forschungsschipp an. Un wenn alls fardig wier, flögen sei mit ehr Aktenkuffers vull Wissenschaft wedder nah Hus. Forscht worden is tau'n Bispill in'n Nurdatlantik vör dei Küsten von: Nurdwestamerika, Süd- un Nurdkanada, West- un Ostgrönland, Island, Spitzbargen, Nowaja Semlja un Norwegen. In'n Südatlantik: Uruguay, Argentinien un Falkland-Inseln bet an'n Rand von dei Antaktis. Afrika: Marokko, Mauretanien, Guinea, Namibia, Südafrikansche Union un Mosambik. Oewer dei Tiet löppt fix. Intwüschen wier an dat Forschungsschipp dei moderne Technik vörbilopen. Ein nieg müsst her. 1987 würd dat in Deinst stellt un ok wedder up denn' Namen „Ernst Haeckel" döfft. Un nu kann 'k Sei dat je ok verraden, woher ick dat alls weit: Up beide „Ernst Haeckel" bün ick as 'n Wissenschaftlichen un Expeditionsleiter führt – väle, väle Johre lang.

DEI MIEL MÖT SICK RÄKEN! (2018)

Dat geiht nu all 'n poor Johr so: Af un an ward in'e „OZ“ von Künstlers, Architekten orer Vereine mit Hülp von Teiknungen utwiest, woans dei Rostocker Stadthaben taukünftig utseihn künn. Mal mit, mal ahn dat niege Theoter, mal mit, mal ahn ein Brügg oewer dei Warnow, mal mit, mal ahn ein „Archäologisch Museum“ un so wieder. Un wenn uns' Börger grad ein Variant tauseggt, ward dei Utsicht, dat dor wat ut warden künn, annern Dag dörch Gägenargumente taunicht makt. Wotau bruken wi ein nieg Theoter? Wotau ein Brügg nah Gehlsdörp roewer? Wotau ein „Archäologisch Museum“? Mihrst ward dorbi üm Kosten sträden un tau'n Schluss heit dat: Kann dei Stadt nich bör'n, alls väl tau düer!

Langen hew ick oewer nahdacht, woans wi ut disse Klemm kamen. Dei Mäuh hett sick lohnt, denn ick kann hüt ein'n (nich ganz iernst meinten) kostengünstigen un för uns' Hansestadt lukrativen Plan tau ein „Maritime-Stadthaben-Miel“ vörleggen: Dei fangt bi dei Silos mit dei „Rostocker Reeperbahn“ an. Woans dat dor denn mit dei Bordells orer bispillswies mit 'n Beate-Uhse-Shop tau rägeln is, dat künn je ein Studiengrupp in Hamborg in Erfohrung bringen. Achter dei Reeperbahn kamen an'e Pier drei Kutter tau liggen: Ein, dei Fischsemmel, ein, dei Köm un Bier un ein, dei Bockwust anbeiden deiht. –

In'n Middelpunkt von mien Miel stahn, stats ein nieg Theoter (weckein verplempert hüt noch sein Tiet mit Schiller, Goethe orer Puccini?), twei grote, mihrgeschossige Vergnäugungshüser. Twüschen beid' kümmt dei Iesbräker „Stephan Jantzen" tau liggen, dat heit rechtsch von em makt sick dei „Rostocker Ballermann" un linksch dat „Rostocker 7 Center" breit.

In denn' „Rostocker Ballermann" könn'n dei Lüd sick dagdäglich in twei Grotrumlokale, „Hansebräusaal" un „Bayrischer Biersaal", amüsier'n. Wobi in'n Hansebräusaal mihr nah uns' nurddütsch Ort fiert warden sall, tau'n Bispill mit Otto Walkes orer Jürgen Drews. In'n Bayrischen Biersaal ward dat „Ganzjohres-Oktoberfest" oewer dei Bühn gahn, mit Autogrammdaag, wotau FC Bayern-Späler prat stahn, orer 'n Fautball-Bier-Quiz mit Prominente ut 'n Friestaat un so wieder.

Dat „Rostocker 7 Center" heit nich ümsüss so, wieldat dor up ein grot Bühn von morgens Klock soeben bet abends Klock soeben dei Plattdütschvereine un dei Späldälen ut uns' Land un ok dei „Heimatverband Mecklenburg-Vorpommern" äbenweg Programme anbeiden un von abends Klock soeben bet morgens Klock soeben dor dei grote Unnerhollung, as Schlagerfestivals, Musicals, Kabarett orer danzen non stop, löppt.

Näben dat „Rostocker 7 Center" kamen denn noch eins drei Kutter tau liggen. Wedder ein, dei mit Fischsemmel hannelt, dortau ein Landputen- un ein Broilerkutter. Un dor, wo dat „Archäologische Landesmuseum“ hen süll (weckein’n interessier’n hüttaudag noch Steintietwarktüg orer Schören ut ’t Middelöller?), kümmt nah mienen Plan dat „Rostocker Pornofilm-Studio“ hen, mit Ateliers, Kinosaal un Shops. Väl Platz is denn bet tau dat Areal von dei ehemalig Neptunwarft nich mihr, villicht kann dor, üm dei Miel orrig bunt tau maken, ein „Schwulen- un Lesbentreff“ orer ein anner Interessengemeinschaft sienen Platz finn’n. –

Dat Grotorrige an mienen Plan is, dat dei Stadt Rostock dorför keinen Penning berappen möt, denn üm dei Bugenehmigungen in’n Ollen Haben warden sick private Investoren rieten! Ok wenn alls all steiht un löppt, nahdräglich Kosten, as för ein Theoter orer Museum, warden nienich anliggen. Dat Gägendeil is dei Fall: Disse Miel schmitt orrig wat an Stüern af un späult mit dei Tiet Millionen in dei Stadtkass! Dor kümmt soväl bi rin, dat uns’ Stadt in’e nehgst Tiet bispillswies dei Steindurkrüzung noch öfter eins ümbugen laten kann!

AN’E HAMBORGER STRAT LIGGT EIN SCHATZ

1956 hew ick an uns’ Universität in Rostock ein Biologie-Studium upnahmen, 1962 wier ’k dormit fardig. Unnerkamen wier ick in’t Baracken-Studentenwahnheim Thierfelderstrat in ein lütt Baud: Drei Duwwelstock-Bedden, ein'n Kanonenaben, ein Disch, söss Stäuhl un för jeden ein halw Spind. Dei mihrst Tiet verbröchten wi Biologie-Studenten in't Botansche orer in't Zoologische Institut.

Dat Botansche leg dunnmals twüschen dei Frugensklinik un dei Kömbrennerie „Anker" un dat Zoologische linksch näben dat Uni-Haupthus, wo nu dei Zoologisch Sammlung in tau finn'n is. Twüschen disse beiden Institute pendelten wi väl hen un her. So'n Luxus as Fohrröd harrn wi nich, dorüm löpen wi mihrst tau Faut, oewer wenn dei Tiet eins knapp würd, führten wi ok mit dei Stratenbahn. Von'n Universitäts-Platz, wur dei Bahn gägenoewer von't „Stadtcafé" (hüt dei Tourist-Information-Rostock) hollen ded, zuckelten wi denn dörch dat Kröpeliner Dur (ierst siet 1961 güng 't mit dei Bahn oewer dei Lange Strat) bet nah'n Doberaner Platz orer annersrüm.

Direkter von 't Botansche Institut wier dunn Prof. Dr. Dr. h. c. Hermann von Guttenberg. Dei gebürtige Österreicher, dörch siene grotorrigen plantenphysiologischen Forschungsarbeiten in männigweck internationale Gremien beraupen, würd 1919 ierst Perfesser för Botanik an'e Universität Berlin, bevör hei 1923 an dei Universität Rostock kem (bet 1957 as Institutsdirekter). Em unnerstünn ok dei Botansche Gorn in'e Doberaner Strat. Dei wier middewiel tau lütt worden un reikte för 't wissenschaftliche Daun nich mihr ut. Von Guttenbergs Vörgänger harrn sick all bannig üm einen niegen Gorn bemäuht, oewer ümsüss. Ierst in sien Amtstiet künn Perfesser von Guttenberg tausamen mit dei Landschafts- un Gornarchitekten Arno Lehmann un Erich Rulsch dei Idee ümsetten. Von 1935 an löp dei Planung, 1939 wier dei niege Gorn fardig, as hüt 7,8 Hektar grot, mit denn' Ingang an'e Hamborger Strat, gägenoewer von't ehemalig Hochseefischerhus.

As dei statsche Kierl, Perfesser von Guttenberg, uns' Hochschaullihrer wier, harr hei all schneiwitte Hoor un wat Vadderhaftes för uns, obschonst hei streng wier. Wi hüngen mit uns' Ogen an sien Lippen, wenn hei in'n österreichschen Dialekt sien Vörläsung hüll. Selten hett hei sien Assistenten vörschaben, wenn 't üm Praktika orer Exkursionen güng, dor wier hei mihrst sülben mitbi; dei Nehg tau sien Studenten let hei sick nich nähmen. Dorbi hett hei uns ok dei Leiw tau denn' Botanschen Gorn in 't Biologenhart plant. Un wi sünd dörüm nich blot tau't Plantenbestimmen orer för Experimente in denn' Gorn gahn, sonnern hebben dor ok so männigein „Upbustunn" leist. Von Guttenberg hett oewer nich blot för dei Wissenschaftlichen ein Forschungsstäd gründ, sonnern mit denn' Gorn ok för dei Rostocker Börger ein grotorrig Anlag up dei Bein stellt. As ein Rostocker Besonnerheit möt dorbi dat 0,5 ha grote Alpinum anseihn warden. In Nurddütschland is ein anner, äbenbürtig, kum tau finn'n!

Kein Wunner, dat wi, mien Fru un ick, späder mit uns' Kinner un Enkelkinner äbensooft denn' Botanschen Gorn besöcht hebben as denn' Zoologischen. As dei Kinner grot wiern, is dat mit dei Besäuke 'n bäten weniger worden. Dei Tiet is oewer in'n Botanschen Gorn nienich stahnbäben, ümmer is wat Niegs taukamen, bispillswies 2009 dei „Loki-Schmidt-Gewächshüser".

Siet 2014 säuk ick nu wedder, tauminnest einmal in't Johr, unsen Botanschen Gorn up, üm dor bi 'n „Plattdütschen Bäukerdag" mittaumaken. Bevör ick mi oewer in denn' „Bäukerdag-Trubel" stört, gah ick ümmer tau twei Stell'n in'n Gorn, üm dor grote Wissenschaftler tau ihr'n: Tau dei Büst von Perfesser Dr. Hermann von Guttenberg, dei denn' Gorn gründ un mi Botanik bibröcht hett, un tau dei Aflichtung von Perfesser Dr. Helmut Pankow, dei von 1966 bet 1996 Gorndirekter wier un tau denn' ick, bet tau sienen Dod, ein fründschaftlich Verhältnis harr.

PLEM PLEM

As Kinner spälten s' all tausamen,
Späder sünd sei sick nehger kamen.
Von Harten harrn dei beid sick giern,
Kein Wunner, dat s' ein Poor bald wiern.
Sei passten würklich taueinanner,
Verona un ehr Schaulfründ Manner.
Ehr Hochtiet wier ein grotes Fest,
Bald tröken s' in ehr nieg bugt „Nest".
Denn rögt sick ok dei Kinnersägen,

Ierst hett sei Bernd, denn Rita krägen.
Intwüschen güngen Bernd un Rita
Twei Straten wieder in ein Kita.
Tau dei Tiet dor schlöp doch Manner,
Ofteins nachts all mit ein Anner.
Duert nich lang'n, denn kem dat rut
Un mit Verona wier dat ut!
Bald seten sei, mit fünsch Gesichter,
In't Amtsgericht vör 'n Scheidungsrichter.
Un kum harr dei sien letzt Wurd rut,
Dor röppt Verona in ehr Wut:
„Dit Urdeil kann ick nich verstahn,
Ward furtsens in Berufung gahn!
Sei dau'n hier so, as wiern Sei schlau,
Spräken mien Kierl dei Kinner tau,
Dortau kann ick blot seggen: Plem plem,
Denn dei sünd all beid nich von em!"

FRÄT- UN SUPBAUDEN KREGEN OEWERHAND (2019)

Körtens würd in'n NDR oewer spraken, womit sick dei Urlauber bi Rägenwäder in uns' schön Land woll dei Tiet verdrieben künn'n. Dorbi kem väl tau Sprak un tau'n Schluss ok dei Vörschlag, dei Näs eins wedder in ein Bauk tau stäken. Ein Baukhökersch harr ok gliek orrig 'n poor antaubeiden, besonners ok weck oewer Mäkelborg-Vörpommern: Land un Lüd, Bildbänn, Krimis unsowieder. Dat hett mi ierst freugt, nahst oewer ok argert, denn sei hett dorbi nich ein Bauk up Platt vörstellt! Wi maken mit Traditionsschäp, Backsteingotik, Störtebeker, Endmoränenlandschaften, deipe Seen un witten Strand Warbung för uns' Land, vergäten oewer, dat tau dissen Landstrich ok uns' Muddersprak hürt!

Kein anner nurddütsch Land, blot Mäkelborg-Vörpommern, kann sick gliek mit twei nedderdütsche Klassiker dickdaun, nämlich Fritz Reuter un John Brinckman. Babentau hebben wi ok noch denn' Läuschenschriewer Rudolf Tarnow antaubeiden. Dei Verlage in uns' Land warden nich mäud, dei Bäuker von disse grotorrigen Schriewerslüd ümmer wedder nieg uptauleggen, dat heit in dei Regale bi'n Baukhannel sünd sei alltiet tau finn'n, worüm nich bi dei Warbung?

Nu künn ein je denken, wenn dat Land sien Klassiker-Plattschriewer vergäten hett, denn ward dat 'n poor Stuften deiper woll bäder utseihn. Pustekauken! Grad sünd in Rostock twei grote Events oewer dei Bühn gahn: Dei Achthunnert-Johr-Fier un dei Hanse Sail. Wat passt woll bäder tau disse Begäwnisse as Brinckmans Bauk „Kasper-Ohm un ick". Ick hew dat oewer in kein Utlag in Rostock funn'n. Ok 'n Rundgang dörch uns' Hansestadt: „Up Brinckmans un Kasper-Ohms Spuren" hett dat, soväl ick weit, nich gäben. Schad üm. Kann oewer ok sin, dat weck Lüd so'n Bäuker tau oldmodsch finnen un mihr up dei hütige Tiet setten. Worüm nich? Dei könn'n furts bedeint warden, denn dat gew un giwt in uns' Land un grad ok in Rostock naug Plattschriewer, dei wat Niemodsches tau Popier bröcht hebben, tau'n Bispill: Lisa Milbrets Roman: „Unner de Stadtmuer", dei oewer dat Läwen in dei Rostocker Oltstadt berichten deit; Bertold Brügges Bauk: „Mit Oll Topp bie Kap Huurn", in dat dei Schriewersmann Geschichten von Fischer, Lotsen un Warftarbeiter ut Warnemünn un Rostock vertellt; Kurt Dunkelmanns Geschichten üm dei Rostocker Seefohrerie, upschräwen in „De letzte un de ierste Tiet"; Fritz Meyer-Scharffenbergs „Dörpgeschichten"; Klaus Meyers „Zuckerkauken un Koem" mit sien Beläwnisse in Rostock un in dei wiede Welt orer Wolfgang Mahnkes Geschichten von dei Rostocker Hochseefischerie „Wenn bi Storm noch fischt würd ...". In all disse (un noch 'n poor anner) Bäuker find man Geschichten, dei, von dei Johrhunnertwend bet hüt, in orer üm Rostock rüm spälen, historische orer utdachte un sei sünd mihrst mit Biller, Teiknungen, Humor un Lüdschnack gaut utstaffiert. Dei Verlage ut Rostock, ut dat Rostocker Ümland, sogor ut Stemhagen un Schwerin wüssten, wat för grotorrige Bäuker sei up 'n Markt bröcht harrn un wecker Bedüdung dei för Rostock un uns' Land hebben. Kein Wunner, dat sei sick tausamensett un von dei ierst Hanse Sail an Johr för Johr up Schäp, an'e Pier in Rostock orer in Warnemünn denn' Baukbasar „Rostock-Maritim" up dei Bein stellt hebben. Dei Verlage wiern ümmer in'e ierst Reih tau finnen, harrn ehre Autoren mit an Burd un sünd von dei Besäuker egalweg ümlagert worden. Dat güng so langen gaut, bet dei Hanse Sail-Maker faststellten, dat sick disse Baukbasar för sei nich mihr räken ded. Dei Basar würd ierst in'e tweit un denn in'e drüdd Reih afschaben, wo kum noch Besäuker henkemen. Dorüm würd disse Baukbasar ein Johr späder von dei Verlage un Autoren upgäben. Dor, wo bi dei Hanse Sail einst Literatur oewer Rostock un Mäkelborg-Vörpommern verköfft un Warbung för Stadt un Land makt würd, stahn upstunns Bier- un Frätbauden – is denn je ok ein Ort Kultur, orer?

Sei sünd stolt up „ehren" Zoo!

As mi körtens ein Rundfunkminsch fragte, up wat ick as Rostocker besonners stolt bün, müsst ick nich väl oewerleggen un hew kortweg seggt: „Up unsen Zoo!" So'n Antwurt harr hei woll mihrstendeils krägen, denn dei Rostocker Zoo steiht hoch in'n Kurs, nich blot bi dei Hansestädter, sünnern ok bi väle Lüd in Mäkelborg-Vörpommern un sogor oewer dei Lannesgrenzen weg! Dei Leiw tau denn' Zoo treckt sick dörch alle Öllersgruppen, von dei lütten Kinner bet tau dei Grieshorigen. Giwt gaude Grünn dorför, tau'n Bispill: Dei välen Dierten von süsswoher, dei schöne Lag an'n Stadtrand, dat dei Stratenbahn vör 'n Ingang höllt, dat dat naug Parkplätze giwt un niegerdings natürlich dei Togpierd „Darwineum" un „Polarium".

Uns' Fomilie fäuhlt sick besonners mit denn' Zoo verbunn'n, wat ok 'n bäten mit mienen Beruf tausamenhängt. As Biologiestudent un späder as Meeresbiolog harr ick ümmer väl mit denn' Zoo in'n Sinn, ok woll dorüm, wieldat dei dunnmalig Zoodirekter un ok 'n poor von dei Wissenschaftlichen in'n Zoo mien Studienkollegen wiern. Wenn dat üm „Aufbaustunden" güng, hebben wi dei mihrst in'n Zoo (oewer ok in'n Botanschen Gorn) afarbeid un späder, as ick bi dei Fischerieforschung tau See führte, hebben wi an Burd von uns' Forschungsschipp männigeinen „Wildfang" nah Rostock schippert. Mal wiern dat Aapen ut Westafrika, denn Vögel ut dei Arktis un nich tauletzt Pinguine, dei wi kort vör dei Antarktis up dei Falklandinseln (mit Genehmigung von'n britischen Gouverneur) för denn' Rostocker Zoo infungen hebben! Up so'n orer ein anner Ort hebben Betriebe ut uns' Stadt, oewer ok väle Privatlüd, bi dat Ranwassen von denn' Zoologischen Gorn mitmakt un kieken sietdem besonners stolt up „ehren" Zoologischen Gorn. Bi uns is dat gang un gäw worden, dat wi, egal tau watein Johrestiet, ierst mit uns' Kinner un späder mit uns' Enkelkinner, väle Stunn in 'n Rostocker Zoo taubröchten. Sogor tau Geburtsdags- un Fomilienfiern hebben wi Gäst in 'n Zoo inlad, mihrst in dat Gasthus „Tordalk". Bi jeden Besäuk künn'n wi faststell'n, dat in irgendein Eck von'n Zoo wedder wat Nieges entstahn un tau bekieken wier. Dor hett sick ok nah dei Wend nix an ännert. Kein Wunner, dat wi nu mit uns' Urenkel denn' Zoo besäuken. Oewer wat dor in'e letzt Tiet up dei Bein stellt worden is, sünd anner Kaliber, denn dat Darwineum un dat jüst fardigstellt Polarium sünd dei gröttsten Projekte, dei dat bether in'e Geschicht von'n Rostocker Zoo gäben hett. As dat grotorrige Darwineum 2012 sien Dören upmakte, ok an't Wochenend, hew ick so bi mi dacht: Wenn sick nu man nich dei Kark querleggt, denn dei süht dei Minschen Sünndags je leiwer in ehr Gotteshüser, wo dei Schöpfungsgeschicht prädigt ward un nich in't Darwineum, wo wiest ward, woans dei Aapen von'e Böm dalkladdert, dat uprechte Lopen kregen un Schritt bi Schritt tau Minschen worden sünd (Evolutionsgeschicht).

Nu kosten so'n Grotprojekte je wat. Oewer dei nich grad lütten Utgaben sünd nich ümsüss makt worden, wat Besäukertahlen un Utteiknungen bewiesen. All 2014 kreg dei Rostocker Zoo bispillswies denn' Titel „Leuchtturm der Tourismuswirtschaft" un 2015 würd hei sogor „Bester Zoo Europas" un dat niege Polarium ward säker noch mihr Besäuker anlocken un villicht ok noch för dei nehgst Utteiknung sorgen!

Körtens sprök mi vör denn' Zooingang an'e Trotzenburg ein öllerhafte Fru an. Sei beklagte sick oewer dei niegen, bäten högeren Intrittspriese un makte denn' Zoodirekter dorför verantwurtlich, dat sick dei Rostocker 'n poor Stunn in'n Zoo bald nich mihr leisten könn'n. Ick hew ehr verklort, dat sei dat Pierd von hinnen uptömt un denn' Zoodirekter man bisiet laten süll, denn dei Intrittspriese för zoologisch Gordens sünd je nah Zoogrött oewerall in'e Bundesrepublik binah gliek, oewer nich dei Renten un Salärs von'e Besäuker!

HAND IN HAND

„Dat giwt woll blot noch“, seggt Fru Möller,
„Bi langverfriegte in uns’ Öller.
Dei hebben in all dei Johren lihrt,
Wat tau ein gaude Eh’ gehürt.
Sei sünd je ok so’n Musterpoor,
Verehlicht nu all sösstig Johr.
Wenn ’t säker ok eins schwor is foll’n,
Sei hebben stiefweg tausamenholl’n.“
Lawt Möllersch ehren Nahwer Witt
Un seggt tau’n Schluss tau em noch dit:
„Ierst gistern güng’n Sei Hand in Hand,
Ick sehg ’t von’n annern Stratenrand,
Un dacht bi mi: ‚Wur schön ist doch,
Dei Witts leiwen sick ümmer noch!‘“
„Wat Sei nich seggen, dat ’s je gediegen,
Mit Leiw hett dat nich väl tau kriegen.
Süht ut, krieg ick sei so tau faten,
As könn’n w’ nich voneinanner laten.
Man knasch fat ick ehr Hand blot an,
Dormit s’ mi nich wegwutschen kann.
Lat ick sei los, löppt mien Fru gliek
So fix sei kann, in ein Boutique
Orer wo süss noch Ladens oppen,
Üm dor mit grot Gelüst tau shoppen!
Man unse Rent makt dit nich mit.
Drüm gahn wi Hand in Hand!“, seggt Witt.

UNS' VOLKSTHEOTER SÜND WI TRU BLÄBEN (2018)

Kum dat wi uns in Rostock 'n bäten inläwt harrn (ick kem 1956 as Student in dei Hanse-Stadt, mien Fru ein Johr späder), hebben wi mit ein „Anrecht" ok all Kuntakt tau dat „Volkstheater" upnahmen. Affwesselnd seten wi in 't „Große Haus" (Doberaner Strat), „Kleine Haus" (Eselföter Strat) orer in 't „Intime Theater" (an'n Glatten Aal). Dei „Kleine Komödie" (in Warnemünn) hebben wi ierst späder för uns entdeckt. Dat wi dunnmals so väl in 't Theoter gahn sünd, leg up dei ein Siet woll an unsen studentischen Weitensdöst un dat wi uns wegen dei niedrigen Intrittspries Theoterbesäuke leisten künn'n, up dei anner Siet säker an denn' Vullblaut-Theoter-Minschen Hanns Anselm Perten, dei as Schauspäler un Regisseur besonners oewer as Generalintendant von't Volkstheoter bedüdende Schauspäler nah Rostock halte, grotorrige Inszenierungen up dei Bühnen bröchte un dormit Rostock as Kulturstadt wiet oewer dei DDR-Grenzen weg bekannt makte!

Wenn ein Theoter-Besäuk anleg, hebben wi uns ümmer, obschonst in uns' Studentenschapp kein grot Utwahl hüng, in Schal schmäten. Anners sünd wi nich ut dei Dör gahn. In so'n Kledasch, mit dei hüt männigein in 't Theoter geiht, harrn uns dunnmals dei Billjet-Afrieter orer Programm-Verköper woll nich in 'n Taukiekersaal laten. Späder, as ick tau See führte un maandelang nich tau Hus wier, hew ick mi all up dei Frietiet freugt, in dei wi denn üm so mihr in 't Theoter güngen, in Fierdagskleedung versteiht sick, un dat is bet hüt so bläben!

An so'n Daag harrn wi vörher all in't „National" (Lange Strat) orer „Nordland" (Steinstrat) einen Disch för denn' Abendutklang bestellt un wenn 't grad 'n Wochenend wier, güngen wi noch in 't „Trocadero" (an'n Doberaner Platz) orer in'e „Boulevard-Bar" (oewern Goldbroiler in'e Kröpeliner Strat), üm dor bet in dei Morgenstunn tau fiern un tau danzen! Wier nich so einfach, spätabends noch in dei Bars rintaukamen, oewer wenn ick dat „Blage Bauk" (Seefahrtsbuch) vörwieste, güngen dei Dören mihrst up.

Wi sünd nah dei Wend uns' Volkstheoter tru bläben, wenn ok dei Intrittspries intwüschen bannig antreckt hebben un dat Up un Dal mit dei Intendanten je männigmal kein recht Freud an so'n „Kulturabend" upkamen lett.

Liekers maken wi uns af un an wedder fien un freugen uns up dei Vörstellungen. Middewiel wi sünd in 't Öller kamen un nich mihr so beinig. Dat is eigentlich nich so'n Problem, denn wi hebben je 'n Auto, oewer nich blot wi! Früher wier dei Jagd nah Intrittskorten ein Problem, hüt is dat dei Jagd nah 'n Parkplatz. Dor hürt all väl Tiet un Geduld tau, bet 'n in dei Straten üm 't Grote Hus 'n Parkplatz finnen deit, bi denn' man säker sin kann, dat dat Fohrtüg ok nah dei Vörstellung noch up sienen Platz steiht! Noch leeger is dei Situation in Warnemünn. Wi sünd all dörch dei

Straten üm dei Lütt Komedi karjohlt, ahn einen Platz för uns' Benzinkutsch tau entdecken un müssten denn wedder nah Hus führn! Ok wenn 'n sick in dei niege Spälstäd in „Halle 207“ up dat ehemalig „August-Neptun-Areal“ ein Stück ankieken will, möt 'n väl Tiet inplanen, üm dat Auto dor in'e Nehg parken tau können. Nee, besäukerfründlich is dat grad nich! Ganz anners süht dat bi dei „Bühne 602“, von dei „Compagnie de comédie“, in'n ollen Stadthaben ut. Dor kann 'n tau jedein Johrestiet mit 'n Auto henführn. Ähnlich parkplatzfründlich wier dat ok ümmer bi't „Theater im Stadthafen“. Man dei Freud hett je blot bet 2014 duert, denn würd dat Hus dichtmakt.

Nu täuben wi all langen up denn' nödigen Theoter-Niebu. Ut dat Rathus würd je all vör Johren utposaunt: Tau uns' Achthunnertjohrfier steiht dat niege Volkstheoter an'n Ollen Haben! Bäten späder: Ward nix, oewer dei Grundsteinleggung kriegen wi bet tau denn' Termin hen. Ok dei is nich up 'n Weg bröcht worden. Wi sünd uns nu nich wiss, wat wi noch eins in ein nieg Rostocker Theoter tau sitten kamen, oewer wenn, denn doch woll ahn dor langen vörher nah einen Parkplatz säuken tau möten!

SEI VERRUNGENIER'N UNS' STADTBILD!

In ein Kinnerleed heit dat tau'n Schluss: „Rostock ist 'ne schöne Stadt, weil sie viele Häuser hat!" Dat is woll wohr un väle Bulüd hebben johrhunnertelang orrig wat dorför dan. As ick 1956 an'e Uni Rostock mien Studium upnähm, künn 'n dei Trümmer von'n Tweiten Weltkrieg noch anfaten. Dei niegen Hüser in'e Lange Strat stünn'n twors all, man in'e Midd, wur später dei Stratenbahn führen süll, sehg dat noch trurig ut. Kuhlen vull Rägenwader un Sandhupens lösten sick af. Dei Stratenbahn quälte sick dunn dörch dei „Kröpi", vörbi an'e Universität un olle Baracken, bet sei an'n Schröderplatz wedder in mihr apen Fohrwader kem. Oewer, Johr för Johr verschwünn ein Barack nah dei anner un von dei Trümmer wier ok bald nix mihr tau seihn, wieldat an dei ehr Stell wat Nieg's sienen Platz fünn. Dorbi hebben dei DDR- un späder ok dei BRD-Architekten ümmer acht up äben, dat olt un nieg sick nich bieten, sonnern Hüser un Stratentög taueinanner passen, ok wenn männigmal orrig 'n poor Johr twüschen dei Tieden legen, wo sei bugt worden sünd. Dat heit, uns' Kinner könn'n ahn Bedenken wiederhen singen: „Rostock ist 'ne schöne Stadt!", wieldat dei Hanse-Bausubstanz mit dat, wat nah denn' Krieg taukamen, un dat, wat nah dei Wend bugt worden is, mihrst gaut harmoniert. Wenn ich nu mihrst schriew, sall dat heiten: Dat hett nich ümmer klappt, oewer Utnahmen hürn je ok tau dei Rägel un man künn dei ok vergäten, wenn s' nich so ogenschienlich wiern.

Wi wahnen in'e Südstadt. Wenn w' von uns' Bekanntschaft in Bentwisch nah Hus will'n, führen wi ümmer dei Streck: Vörpommern-Brügg – Am Strande – Am Kanonsberg – Am Vögenteich – Südring. Up ein gräun Well könn'n wi dörch disse Straten kum rieden, dortau stahn dor tauväl Ampeln. Mihrst kriggt uns dei ierst achter dei Vörpommern-Brügg mit rod tau faten. In dei Fohrpaus künn'n wi nu je eigentlich bewunnern, wat ut denn' Bodden rechtsch vör uns in dei letzten Johr in'e Höcht schaten is. Dat ward oewer nix, denn ein gräsig Buwark, dat Parkhus „Holzhalbinsel", versparrt uns dei Sicht. Wenn 't wenigstens verschalt worden wier, künn 'n dat grad noch so verknusen. Ick glöw sogor, dat 'n jewoll denn' Griesen Star von kriegen künn, wenn 'n sick dit nackig Stahlbeton-Geripp länger Tiet ankickt. Uns kann dat nich passier'n, dei Ampel wiest gräun un wi führen an denn' trostlosen Rostocker Stadthaben vörbi, dei all langen up dei oft ut dat Rathus verspraken „Maritime Miel" täuwt. Bi'n Kanonsbarg bögen wi af un as wi baben sünd, steiht nu dei Ampel, Höcht Lange Strat, up rod. Schad, wi wiern giern fix wiederführt, denn wat sick dor vör uns' Ogen präsentiert, sünd woll dei hässlichsten Buwarke, dei nah denn' Krieg up dit Rebeit tau stahn kamen sünd. Jewiels as ein Pund Blaut- un Läwerwust sitten dor dat „Radisson Blu Hotel" un dat Kophus „SATURN" an'n Utgang von dei Lange Strat näbeneinanner un verrungeniern dei Sicht bet tau dat tämlich verlaten Kröpeliner Dur. Dit is för jedeinen, dei 'n bäten wat up Bukultur höllt, ein Schlag in 't Og! Disse Eck hett vör Johren mit dat „Interhotel Warnow", dei Kopladens, dei „Newa Bar", dei Gräunanlagen mit denn' „Söben-Süster-Brunnen" un dat Kröpeliner Dur orrig wat schmuck utseihn! Mihr Tiet tau'n Sinnieren bliwt nich, dei Ampel wiest gäl, oewer an'n Schröderplatz hett dei Stratenbahn Vörfohrt un uns' Fohrtüg steiht wedder. Von dei Stell ut hebben wi gaude Sicht in dei Strat „Am Vögenteich" un denn ward ok dei Arger von vörhen wedder gaut makt: Linksch dei schlicht-markante Fassad von dat „Motel One Hotel" un rechtsch dei von't „OSPA Zentrum", in ein recht orrig Verhältnis ut Glas un Beton tau'n Henkieker makt. An't Husend schient dat so, as wenn ein Flücht von dei imposante „Dütsche Med" dei OSPA in 'n Arm nähmen will. Achter dei Krüzung schlütt sick passig dei Plattenblock ut DDR-Tieden an. Wenn Am Vögenteich dei poor noch apen Bulücken schlaten sünd, is dor ein grotorrig Strat entstahn in dei säker giern väl Lüd ehr Tauhus hebben müchten! Villicht möt 'n tweimal henkieken, oewer denn seggt ein'n dat Og: „Sühst – geiht doch!"

SCHÖN SAMMELN!

Schnelle Wagen wiern sien Läwen.
Fritz harr grad väl Geld utgäben,
Üm ein'n groten, schönen, niegen,

Von Mercedes-Benz tau kriegen.
Bald hürte dat tau sien Allüren,
Blot mit dit Auto rümtauführen.
Set hei achtert Stüer lässig
Un kutschierte hoch-ps-sig,
Denn drückte hei dat Gaspedal
Nah unnen ümmer düchtig dal.
Fritz künn von't Rasen woll nich laten.
Hüt harrn s' em weddermal tau faten:
„Gaut dörtig kmh tau schnellig,
Twei Punkte sünd för Flensburg fällig!
Schön sammeln", seggt dei ‚Witte Mus',
„Stapeln S' dei Punkte man tau Hus.
Wenn S' acht tausamm'n hebben, giwt 't sogor wat:
Wi sponsern denn för Sei 'n Fohrrad!"

HEI IS NICH TAU BESÄUK BI UNS! (2019)

In't Natur- un Heimatmuseum Goldbarg (Goldberg) is 'n Präparat von einen Wulf (Wolf, Canis lupus L.) tau bekieken. Dorbi sall sick dat üm denn' letzten in frie Wildbahn in Mäkelborg läbenden Wulf hanneln, dei in't 18. Johrhunnert schaten worden is. Isegrim, as dei Wulf in'e Fabel nömt ward, is oewer nich blot in Mäkelborg, sonnern üm 1850 rüm in ganz Dütschland utrott worden. Obschonst hei klauk is un fix lihren kann, kem hei nich gägen dat siet 1650 gnadenlose

Afmurksen von sien Ort an. Dat möten orrig 'n poor Dusend wäst sin, dei dunn in 't Gras bieten müssten, denn in Sachsen sall'n bispillswies twüschen 1656 un 1680 an 2200 Wülf in Fallen fungen, dodschlagen orer afschaten worden sin un in Preußen allein in't Johr 1700 an 4300 Stück. Mihrst sünd disse Tahlen bi Upteiknungen oewer „Jagdstrecken" in Archive ut dunnmalig Tieden funnen worden.

Worüm sünd dei Minschen grad Isegrim so an denn' Kragen gahn? Je mihr dei Tweibeinigen sick utbreiden un ut 'n Holt dörch Kahlschläg väl Acker gewinnen deden, würden sei un Wulf Konkurrenten. Dei Jäger künn em nich lieden, wieldat hei em Hirschen un Rehwild wegschnappte un dei Buer, wieldat hei achter sien Schap, Käuh orer Pierd an wier, wenn dei up'e Weid stünn'n. Bald würd denn' Wulf alls mögliche tauschräwen, üm sien Utrotten deffendiern tau könn'n. Hei würd sogor as ein Dämon dorstellt. Vör 250 Johr wier tau'n Bispill noch in ein Lexikon (!) tau läsen: „Der Wolf ist sehr gefräßig, grausam, arglistig und der gefährlichste Feind der wilden und zahmen Thiere, sonderlich der Schafe, ferner das ‚schädlichste Geschöpf Gottes', welches Menschen angreiffet, zerreisset und frisset". Nah so'n Utsagen oewer em is 't kein Wunner, dat hei ahn Bedenken dodschlagen orrer afschaten würd un dat hei oewer Johrhunnerte von denn' Minschen kein'n Bistand kreg. Dorbi is dei Wulf schug, geiht sien tweibeinig Konkurrenz ut 'n Weg un bet hüt giw 't kein'n Bewies dorför, dat hei in uns' Gägend jemals ein'n Minschen angräpen hett. Liekers spräken väle Lüd ümmer noch von'n „bösen Wulf", denn hei fret je dei Grotmudder un „Rotkäppchen" up, ok wenn 't sick dorbi blot üm ein Märken hannelt. –

Natürlich hett hei in jüngst Tiet ümmer wedder versöcht, in Dütschland Faut tau faten, oewer hei wier in beide Deile von uns' Land ganzjöhrig jagdbor. So sünd von 1945 bet 1990 tweiuntwindig (22) inwannert Wülf in Dütschland afschaten worden (dorvon 9 in'e BRD un 13 in'e DDR). Siet dei Wend dörft in uns' Land keinein denn' Wulf mihr an 't Fell, wieldat hei unner dat Bundesnaturschutzgesetz föllt un ok uns' Nahwers, dei Polen, hollen dei Hand oewer em. Kein Wunner, dat „Lupus" dit wissworden is un hei oewer Wannerwäg, dei siet Johrdusenden in sienen Brägen fastschräwen sünd, wedder bi uns ankamen is, klammlies, as dat sien Ort is.

Oewer ditmal is hei nich blot tau Besäuk bi uns, hei will blieben. In't Johr 2000 würden in Dütschland wedder Wülfswelpen in frie Wildbahn burn un twors up einen aflägen „Truppenübungsplatz". Af 2006 hett dei Wulf sick ok wedder in Mäkelborg-Vörpommern ansiedelt un as dat schient, up Duer. Obschonst dei Minschen nu 'n bäten kläuker sin süll'n, kieken weck as in't Middelöller ümmer noch niedsch un schulsch up em, anner oewer heiten em willkamen. Dat rückt nah Striet un dat is gaut so, denn dordörch stiegen dei Chancen för em, tau sien Recht tau kamen. As dunnmals, sünd dat dei Jäger un Buern, dei nu wedder oewer em Gericht holl'n. Weck von dei Jäger will'n em in dat Bundesjagdgesetz trügg hebben, üm em afscheiten tau könn'n, anner seggen: Uns' Wildbestand is so grot, dat ok dei Wulf wat von disse Tort afkriegen kann. Ok bi dei Buern giwt dat, wenn 't üm Isegrim geiht, 'n Pro un Kontra un ick denk, dat wi em sien Recht tau blieben, nich striedig maken dörben. Kieken S', dei Wulf wier eins dei Säugetierort, dei oewerall up uns' Ierd läwte. Hei wier ok längst vör dei anner Säugetierort, denn' Minschen, in dat Rebeit tau Hus, wat wi hüt Dütschland orer Mäkelborg-Vörpommern nömen. Disse Gegäbenheit süll'n wi nich vergäten! Un wenn hei mal 'n poor Schap ritt, verhungert dorüm bi uns keinein un arm ward dei Buer ok nich, taumal dei Staat Entschädigungen tahlt.

UNNERHOLLUNG MIT 'N VOSS

Wochenlang ströpte all ein Katt in uns' Gorns rüm. Ick nähm an, dat sei utsett worden is. Eigentlich hew ick je wat gägen Katten. Man disse maunzte so jämmerlich, dat mien Hart weik würd un ick näben uns' Gornpurt af un an ein Schöttel mit Fauder stellte. Alls wat von't Äten oewrig blew, kreg dei Katt. Sei möt sick wollfäuhlt hebben, denn sei würd trulig un schüerte männigmal ehr Fell an mien Büxenbein.

An einen Sommerabend sehg ick wat vör dei Purt stahn. Süss kem sei ümmer rin, hüt nich. As ick nehger ran güng, kreg ick 'n Schreck. Dat wier nich dei

Katt, dat wier ein Voß. Wi hebben uns woll beid verfiert. Hei verkröp sick achter dei düster Heck un ick sett'e mi fief Meter von dei Gornpurt af up uns' Terrass dal. Ein Stunn hew ick dor setten. Denn schlängelte hei sick dörch dei Purttrallingen un stünn in'n Gorn, kort vör dei Schöttel, ögte tau mi röwer, täuwte noch ein bäten, man denn makte hei sick oewer dei Ätenreste her. Ick harr dat Gefäuhl, hei wier nich dat ierst Mal hier un wüsst all Bescheid. Un so wier 't woll ok. Jeden Abend, wenn dat tau schummern anfüng, halte hei sick sien Portion. Em stürte dat ok nich, wenn dei Lamp oewer uns' Husdör an wier. Mit 'n bäten Speck un Wust hew ick em bet an uns' Terrass lockt un em dorbi ümmer gaut tauräd:

„Kumm mien Vößing, ick hew 'n gauden Happen för di!" un wat man süss so'n Voß tau vertellen hett.

Mien Fru wier tau dei Tiet up Rügen bi't Inhäuden von uns' Enkelkinner. As sei trüggkem, wier väl tau bespräken. Doroewer harr ick vergäten, ehr von denn' Voß tau vertellen. Abends leggte ick as ümmer Speck un Wust in dei Schöttel. Duerte nich lang, bet mien Voß kem un sick oewer dat Fauder her makte. As hei so schön bi't Fräten wier, füng ick wedder an, mit em tau vertellen. Mien Fru, dei in dei Stuw set, säd:

„Wat 's mit di los, räd'st du nu all mit di sülben?"

„Ach wat", säd ick, „dat is man, dat dei Voß wedder dor is un ick mi 'n bäten mit em unnerholl!"

„Sooo", säd mien Fru, „du spräkst niegerdings mit Vöß? Wurväl leddig Buddel Bier stahn up dei Terrass?" Ick hew vergäbens versöcht, mien Fru dat tau verkloren. Sei hürte einfach nich tau. Man denn säd sei:

„Nu is ’t naug. Gah tau Bedd un schlap di ut. Morgen früh spräken wi oewer dienen Voß!“ Süll ick mi strieden? Nee, wotau ok. Dat wier all spät un bald schlöp ick. Annern Dag hew ick mi oewer dei Gornarbeit hermakt un bün ein Unnerhollung mit mien Fru ut ’n Weg gahn. Dissen Abend leggte ick ’n poor mihr Happen in dei Schöttel. As ’t dämmern würd, hew ick mien Fru in ein’n Klappsessel up dei Terrass nödigt un seggt:

„So, leiw Diern, nu schwieg still un pass gaut up, wecker kümmt!“

Un hei kem. Pünklich, as sick dat hürt. Hei schmatzte orrig bi’t Fräten von dei extragroten Wuststücken, woll üm ehr wies tau maken, dat hei ein Voß wier. Mien Fru trugte ehr Ogen nich. Würklichen Gott’s, dat wier ’n Voß un hei löp ok nich weg, as ick anfüng, mit em tau räden!

Dat sprök sick natürlich rüm. Tauierst wier Voßvörführung för uns’ Enkelkinner un späder för uns’ Frünn. An leiwsten wier ick oewer mit em allein, wenn ick mit em räden künn, ahn dat uns einer stürte. Ick glöw, dat hei sick an mien Stimm gewennt harr. Mi wier so, as wenn hei wägen dei Unnerhollung ’n bäten länger blew. Wi wiern äben Frünn!

Wat ut dei Katt worden is? Dat harr ’k binah vergäten. Dei is bi unsen Nawer unnerkamen. Oewer sei kickt liekers af un an bi uns vörbi.

PLATONSCH?

Mit ein lütt Reistasch in ehr Hand,
Führt Möllersch up dat flache Land.
Bi Süster Anning will s' inkieken,
Üm nahst mit ehr dei Koek tau strieken.
As sei schön witt kalkt hebben dei Deck,
Maken s' ein Paus bi Brot un Speck.
Möllersch kaugt noch, dor fröcht Anning:
„Wat hew 'k hürt von dien'n Söhn Hanning?
Dei hett mit siene föfteig'n Johr
All ein scharp Diern, segg, is dat wohr?"
„Ja, stimmt, man hei versprök mi wiss,
Dat dat alls blot platonisch is!"
„Ach so", seggt Anning, „denn man tau,
Man liekers wüsst ick giern genau,
Wat heit platonisch eigentlich,
Denn so ein Wurt, dat kenn ick nich!"
Wat dei up 'n Lann doch dömlich sünd,
Denkt Möllersch, bevör sei verkünd:
„Du weißt nich, wat platonisch heit?
Un wat dat Wurd bedüden deit?
Platonsch – wat ut 't Latinsche kümmt –
Heit, dat s' dorför kein Geld nich nümmt!"

WENN DEI JÄGER DUNNMALS …

Nahdem mien Vadder in'n Harwst 1946 ut Gefangenschaft entlaten un nah Hus kamen wier, ströpten wi beid väl dörch Wischen, Busch un Holt. Nich ahn Grund, as ick bald tau weiten kreg. Hei harr sick mi, denn' Nägenjöhrigen, as Hülp bi sien „Jagerie" mit Fallen stellen un Schlingen leggen utkäken. Oewer dorvon sall hier nich dei Räd sin, ihrer, woans hei mi för dit Fack anlihrt hett. Dat Wichtigst dorbi wier woll, dat hei mi up siene Ort bibröcht hett, dat bi so'n Daun Nähmen un Gäwen sick dei Waag holl'n möten un ein dat blot begriepen kann, wenn hei sick in sien Ümwelt utkennt. Un dorin wull ick em nich nahstahn.

Mien Vadder wüsst dei mihrsten Dierten, Büsch un Böm bi Namen. Sehg an't Nest, weckern Vagel dat tauhürt, an'n Bu, wat dor Dachs, Voß orer Kaninken in läwten. Hei künn ok, ahn dat Diert tau seihn, akerat utdüden, wat dor bi Dag orer Nacht in't Holt larmte orer flusterte. Un ick hew ok von em lihrt, dat ein för dei vierbeinig Dierten kein Angst hebben möt, Gefohr geiht ümmer blot von dei Tweibeinigen ut. So bün ick dat näben väl anner Saken ok anworden, allein in't Holt tau oewernachten, wenn ick bi't Rümsteröpen dei Tiet vergäten harr un denn dei Weg nah Hus tau lang worden wier. Ein Zeltplan un ein Deck hürte ümmer tau mien „Grundutstattung" in'n Rucksack.

Dat wier tau dei Tiet, as ick in Rostock Biologie studierte, nu all oewer sösstig Johr her. Ick kem von ein

Exkursion up ’n Zingst, wull nah Hus un führte mit ’t Fohrrad abends dörch dei Rostocker Heid. Dat wier spät worden, dei Bein würden ümmer schworer un obschonst dat Vullmand wier, künn ick denn’ Weg kum noch utmaken, wiederführ’n harr keinen Sinn mihr. Kort vör Rövershagen stellte ick afsiets von’n Weg mien Rad an ein oll Bäuk, rullte mi in mien Deck in un schlöp up ’n Plutz in. Miteinsen würd ick hellwak, denn dor stampte ’n Kierlsminsch up mi tau un bölkte:

„Büst du von alle gauden Geister verlaten orer hest du dienen Klauk nich mihr? Ick harr denn’ Finger all krumm un wenn ’k nich tau gauderletzt wat von dien Fohrrad in’n Mandschien blänkern seihn harr, wierst nu dod! Ick hew di för ’n Wildschwien holl’n! Nee, dat is nich tau faten, leggt sick bi Mandschien in’n Bäukenholt unner ’n Bom …“ Indess hei wiederräden ded un nehger kem, künn ick em in Ogenschien nähmen. Dei Flint harr hei noch nich schullert. Sien Kluft nah wier hei ’n Jäger orer dei Förster sülben. Ick wull wat seggen, oewer hei wier so in Rasch, dat hei mi nich tau Wurt kamen let:

„Wenn du abslut buten oewernachten wisst, säuk di ’n Feldschün orer ein Wildfauderkrüff, oewer legg di nich wedder in’n apen Holt unner ’n Bom, dat rad ick di tau! Un nu mak, dat du nah Hus kümmst, orer ick vergät mi …“ Säd ’t, draugte mi mit sien Fust, dreihte sick up Hacken üm un verschwünn in’n Halwdüstern. Klor, ick hew wiederhen buten oewernacht, man nich mihr ahn an sien’n Ratschlag tau denken. Denn’ hew ick mien Läwdag nie nich vergäten.

As ick körtens disse Geschicht mien'n Enkelsöhn vertellte, fragte dei:

„Opa, würst du hüt ok noch, blot in ein Deck rullt, in'n Holt oewernachten?"

„Nee, mien Jung", säd ick. „In mien Öller würd ick hüt nich mihr nachts up nattkoll Lof orer Musch schlapen, dor künn 'k mi je süsswat bi weghalen. Dat is dei ein Sak un dei anner: Kiek, dunnmals künn einen in't Holt nix passier'n, wenn 'n sick nich grad so dömlich anstellt un as 'n Wildschwien unner 'n Bom liggt. Oewer hüt kümmt je alle Näs lang wat vör. Keinein weit, wat dor för Halunken rümströpen, dei dat möglicherwies up dien Geld orer gor Läwen afseihn hebben. Nee, hüttaudag würd ick ok nich mihr bi Mandenschien un mudderseel'nallein nachts up 't Fohrrad dörch 't Holt führn, villicht nich mal bi Sünn'nschien."

WOANS HETT HEI DAT FARDIG KRÄGEN?

Kein anner Husdiert is woll mihr up all dei Kontinente von uns' Ierd tau finnen, as dei Hund, latinsch: Canis lupus familiaris. An kein anner Husdiert is oewer woll ok mihr rümtücht worden as an denn' Hund, dei von'n Wulf, latinsch: Canis lupus, afstammt. Wat dei nu all vör 100 000 orer ierst vör 15 000 Johr von'n Minschen tähmt worden is, dor strieden sick dei Wissenschaftlichen grad noch oewer.

Gägen statsche Hunn hew ick nix, kann oewer dei sulfstknütt'en lütten Kläffer von Chihuahua bet Mops nich recht lieden. Dat liggt woll ok dor an, dat ick nich mit so'n Schothunn upwussen bün, sonnern mit anner Kaliber, denn mien Grotvadder Max, dei Timmermann, bi denn' wi wahnten, harr tietläwens Schäperhunn. Dei letzt, 'n besonners groten un kräftigen, würd „Lux" ropen. Dagsoewer nähm Grotvadder Lux mit tau dei Bustellen, abends spälten wi Kinner mit em un nachts schlöp hei up dei Däl. Lux löt sick oewer ok vör 'n Treckwagen spann'n un hülp so sienen Herrn gedürig bi'n Transport von Bumaterial. Kort un gaut, dei Schäperhund würd orrig holl'n un hürte tau uns' Fomilie. –

Dat wier kort vör 'n Tweiten Weltkrieg. Mien Vadder wier all in'n September 1939 intreckt worden. Dat mien Grotvadder nich mihr dei Uniform oewerströpen müsst, verdankte hei sien Öller. Babentau harr sien Betrieb för em, denn' grotorrigen Fachmann, ein u.k. (Unabkömmlichkeitsstellung) uthannelt. Dorför kreg oewer Lux, sien Schäperhund, Post von dei Wehrmacht un twors 'n Musterungsbefehl: „Auf Grund des § 15 des Wehrleistungsgesetzes vom 1.9.1939 werden Sie hiermit aufgefordert, den in Ihrem Besitz befindlichen Hund (auch Kleinhund) persönlich oder durch eine erwachsene Person vorzuführen. Der Einberufungsbefehl über den gemusterten Hund geht im Bedarfsfall dem Halter zu." Wieldat Lux je grot, kräftig un man grad ierst drei Johr olt wier, würd hei wiss tau dei „Bedarfsfälle" hür'n un dat güng Grotvadder Max bannig gägen denn' Strich. Sien Lux süll möglicherwies an'e Front, süll Kanonenfauder warden? Nee, dor wull hei Vörpahl schlagen. Dormit dei Wehrmacht em nich faten künn, müsst dei Schäperhund ut dei Lüttstadt, dei dicht an'e Ostseeküst leg, verschwinn'n un Max wüst ok all, wo dei „Asyl“ kriegen künn. Mien Grotvadder sett'e sick an 'n Koekendisch un schrew sienen Brauder Korl, denn' dat nah Thüringen in'e Forst verschlagen harr, 'n Breif: Korl wull je tau Max'ns Geburtsdagsfier kamen. Wat hei dornah nich Lux, denn' Schäperhund, mit in dat aflägen Dörp nah Thüringen nähmen künn un verklorte em ok worüm. Brauder Korl wier inverstahn, denn so'n Hund kem em in disse unsäkeren Tieden gaut taupass.

Ein Woch späder steg Korl mit Lux an'e Lien in 'n Tog. Opa Max, as wi Kinner em nömten, wier 'n Kierl as ein Eickbom. Kennte dei ok Weihmäudigkeit? Säker, denn wi markten em an, dat hei sick ahn Lux in't Hus nich woll fäuhlte, dat em wat fählte. –

Dei Timmermann stünn ümmer früh up un güng denn tau't Waschen in'e Koek. As ierst makte hei dor dat Koekenfinster, wat binah tau äben Ierd leg, wiet up, üm frisch' Luft an sien'n Liew tau laten. Fief Daag, nahdem sien Brauder denn' Hund mitnahmen harr, stünn hei morgens wedder an't apen Finster. Dat wier noch schumm'rig. Up 'n Hoff stünn 'n Hund, rögte sick nich von'e Stell un kek stur nah mienen Opa. Dei harr em tauierst gor nich recht wohrnahmen. As hei nehger henkek, dacht hei: Dat kann doch nich möglich sin un röp: „Lux?“ In denn' Momang rönnte dei Hund los un sprüng mit ein'n Satz dörch dat apen Finster in dei Koek. Wur dull beid sick oewer dit Wedderseihn freugt hebben, kann 'n nich beschriewen. –

Bet hüt frag ick mi: Wat hett denn' Schäperhund andräben un woans hett hei dat möglich makt, in 'n poor Daag von Thüringen nah Hus tau finn'n, up einen Weg, denn' hei vörher noch nienich lopen is? Andräben hett em woll dei oewermaten deipe Fründschaft twüschen em un denn' Timmermann. Oewer woans hei nah Hus funnen hett, weit ick un anner Lüd säker ok nich, obschonst wi all minnest 15000 Johr mit Hunn unner ein Dack tausamenläwen.

Blot dat Sei dat weiten: Lux is dunn nich „intreckt" worden!

DREIMAL PEEN

As ick körtens mien Fründschaft nah Niekalen (Neukalen) up dei Terrass an'n Haben tau't Fischäten inlad harr, frög mien Fründ Otto:

„An wat för 'n Bäk sitten wi hier?"

„Dat mit dei Bäk schluck man fix dal, süss künnst noch Arger mit dei ‚Einheimischen' kriegen, denn wi sitten hier ümmerhen an'e Peen!"

„An'e Peen?", säd Otto unglöwsch, „wisst du mi up 'n Arm nähmen? Soväl ick weit, flütt dei Peen dörch denn' Kummerowschen See (Kummerower See) un dei is je noch orrig 'n End von uns af!"

„Dat is woll wohr“, säd ick, „oewer wenn ’k seggt hew, dat wi hier an’e Peen sitten, denn stimmt dat ok, denn wi hebben dat in Mäkelborg-Vörpommern gliek dreimal mit Flüsse tau daun, dei Peen heiten: Dei Nurd-, West- un Ostpeen. Uns’ Börger weiten dor ofteins nix von af, wieldat mihrst blot von dat Stück twüschen Demmin un Anklam as von dei Peen spraken ward!“ Ok för Otto wier dat nieg. Dorüm hew ick, nahdem dei Töllers mit dei blanken Graden afdragen un dei Koffiepött up ’n Disch stünn, för ’n bäten „Upklärung“ sorgt. Un dormit noch mihr Lüd wat dorvon hebben, hew ’k dat upschräwen.

Vörweg: Dat Wurt Peen kümmt ut ’t Slawische: Pěna steiht för Schum un oewersett heit dei Peen dorüm „Der schaumige (Fluss)“. In Niekalen sitt man an’t Äuwer von dei Nurdpeen (Nordpeene) orer Lütte Peen. Dei hett ehr’n Ursprung bi Nienhagen un flütt von dor ut tau’n Tetrowschen See (Teterower See), dörchquert em un nümmt dornah Kurs up Niekalen un ward nu Tetrowsch Peen nömt. Unnerwägens sammelt sei noch ’n poor Grabens orer dei ein orer anner Bäk in, üm grötter un breider tau warden. Oewer all nah 15 km hett sei utdeint, wieldat sei sick achter Niekalen in’n Kummerowschen See mit dei Westpeen vermengeliert. –

Dormit sünd wi bi dei Westpeen ankamen. Dei is mit 143 km dei längst von dei drei Peen’n. Sei hett ehr Quell nurdlich von Klocksin un flütt nah vier km in ’n Malchiner See, löppt dörch em dörch un schlängelte sick früher mit väle Winnungen an’n Stadtrand von Malchin vörbi bet tau’n Kummerowschen See hen. Oewer ein Fluss mit väle Winnugen döcht nix för dei Schippfohrt. Dorüm würd dei Westpeen twüschen denn' Malchiner- un denn' Kummerowschen See tweimal begradigt. Dei Fabrikherrn von dei 1875 bugt Zuckerfabrik in Dahmen leten 1876 denn' „Dahmer Kanal" utstäken, üm ehre Woren mit Kahns billiger un rascher transportier'n tau könn'n. Dei Kanal is 7,5 km lang un löppt von'n Malchiner See nahtau gradlinig up Malchin tau. Vörher wier all 1861von dei Malchiner dei 2,5 km lange „Malchiner Peenekanal" bugt worden, dei von Stadthaben ut schnurgrad up dei Westpeen taulöppt. Hei flütt akerat dor in dei Peen, wo sei deip un breit naug för Lastkahns is. Nah blot 2,1 km münd dei Westpeen denn in 'n Kummerowschen See. As 1882 in Malchin ok ein Zuckerfabrik dei Produktion upnähm, würden beid' Kanals flietig nütt, üm Zucker, Räuben un väle anner Produkte „kostengünstiger" oewer Malchin, Demmin, Loitz bet Anklam un noch wiederweg tau schippern. Wirtschaftliche Bedüdung hebben dei Kanals all langen nich mihr. Nu freugt sick dei Tourismus oewer, dat dat dei giwt.

Bi dei „Aalbaud" lett dei Westpeen denn' Kummerowschen See achter sick.

Sei flütt nu oewer Demmin, Loitz, Jarmen nah Anklam, üm denn as mächtig „Peenestrom" nah Nurden tau trecken, vörbi an Wolgast, un verschmölt achter Peenemünn mit dei Ostsee. Nich ümsüss ward dei landschaftlich grotorrige Westpeendeil twüschen Demmin un Anklam „Amazonas des Nordens" nömt. Je, wenn dei Minsch nich ingrippt un denn' Fluss noch in sien eigen Bedd fleiten lett, bliwt dei Landschaft ok urtümlich. –

Dei drüdd't in'n Bund is dei Ostpeen. Dei is ümmerhen 40,5 km lang un krüppt östlich von Woren (Waren / Müritz) ut dei Ierd. Sei löppt von dor ut dörch 'n poor lütte Seen un kümmt an männigweck lütte Urtschaften vörbi, as Fulenrost (Faulenrost) orer Rittermannshagen. Ein Besonnerheit is dat „Dörchbruchstal". Dei Ostpeen hett sick dor ein'n 30 Meter deipen, engen Dörchbruch späult, ut denn' sei bi dei Gielowsch Möhl (Gielower Mühle) flütt, üm denn dörch flache, breide Wischen bet Malchin tau lopen. Dor ward sei von dei Westpeen mit apen Arms upnahmen. –

Dei drei Peen'n drücken denn' Nurdosten von Mäkelborg-Vörpommern ehren Stempel up un maken dei Region twüschen dei Ostseeküst mit Rügen un Usedom un dei Mäkelborger Seenplatt tau ein von dei schönsten un ortenriekesten Landschaften, dei uns' Bunnesland tau beiden hett. Wat Sei nu in Niekalen an't Peenäuwer sitten, up 'n Amazonas des Nordens rümpaddeln orer dat Dörchbruchstal bewunnern: Ein von uns' Peen'n tau besäuken lohnt sick ümmer!

Wieldat hüttaudag bi Reisen dat Navi je ein grot Rull spält, möt oewer akkerat ingäben warden, tau weckein Urtschaft an wecker Peen dei Reis gahn sall. Wenn Sei bispillswies in dei „Peenhüser" (Peenhäuser) Quartier nähmen will'n, möten Sei acht gäben, denn dei giwt gliek tweimal: An'e Ostpeen bi Gielow, oewer ok an'e Westpeen (westlich von Dahmen) bi Großen Luckow!

DEI UNNERSCHEID

Bi 'n Tagung harrn s' sick kennenlihrt,
Wieldat s' dat glieke Fack studiert.
Dei Bayer Sepp wier Mediziner,
Grad so as Fritz, dei Olt-Schweriner.
Nu wullen s' tausamen Urlaub maken,
Bi Sepp, as dat all langen bespraken.
Fritz, sien Fru un lütt Hans Meiern,
Führ'n mit 'n Benz nah Oberbayern.
Un as bi Huberts sei ankamen,
Warrn s' dor mit apen Arms upnahmen,
Von Sepp, sien Fru un ok lütt Traudi.
Dei Lütten hebben nu väl „Gaudi",
As sei tausam'n up 'n Hoff rümspäl'n,
Wieldess dei Ollen sick wat vertell'n.
Vör 't Äten stäken s' dei schmuddlig Kinner
Noch fix eins in dei Badwann rinner.
As dei sick gägenoewerstahn,
Warden Hans dei Ogen oewergahn.
Dei möt hei sick poormal utwischen
Un seggt: „Harr nienich glöwt, dat twischen
Katholsch un evangelsch dei Unnerscheid
Nich blot bi't Sakrament bestahen deit!"

FREUD UN ARGER BI EIN BUSREIS

Mien Fru un ick hebben ein Reis tau dei Masuren in Polen mitmakt, wieldat uns dei Veranstalter mit männigein Flach, up dat wi niegelig wiern, lockt hett. Wi beid sünd je gebürtige Mäkelborger un hürn nich tau dei „Vertriebenen". Oewer 'n Deil von uns' Reisgesellschaft stammte ut dei Gägend, wo wi hen wullen. Von dei (hüt öllere Lüd, dunnmals Kinner) kregen wi bi dei Henfohrt väl oewer dei schönen oewer ok grawen, verläden Tieden tau weiten. Dor wier bispillswies von grote Hoffstäden un väl Veihtüg dei Räd. Oewer ut dei Fiern süht männigwat ofteins ganz anners ut. Wenn ick hüt dörch mien lütt Vadderstadt an'e Peen gah, denn weit ick, dat 'n in poor Minuten von ein Stadtdur nah 't anner lopen un bi dat ein orer anner Hus ut dei Dackrönn drinken kann. Oewer as lütt Jung kem mi alls bannig grot un wietlöpig vör. Kinnerogen seihn anners as dei von utwussen Lüd.

As wi nahst in Polen dörch Dörper führten, ut dei weck von uns' Reisgrupp stammten un sei vör dei Hüser stünn'n, in dei sei eins mit ehr Öllern wahnten, hebben sei möglicherwies dei glieke Erfohrung makt as ick. Villicht sünd oewer ok ehr Biller ut dei Kinnertiet klorer worden un sei könn'n nu mit dit Kapitel ut ehr Läwen bäder ümgahn. Dorüm kann ick verstahn, dat dei Lüd so'n Reisen mitmaken. Sei frischen dormit ehr Gedächtnis up, laten dei verläden Tieden kort wedder upläwen un rücken sei dorbi gliektiedig in 't rechte

Licht. Ick glöw, dat dei Minsch so'n „Upklärung" brukt, ok wenn 't männigmal weih deit. Fast steiht je, wurväl sei ok ümmer harrn, dat disse Lüd dunnmals ehr Haw un Gaut verluren hebben. Dor kann 'n woll schwor oewerweg kamen, besonners wenn 'n ok noch so'n grotorrig Stück Land, as dei Masuren, för ümmer verlaten möt. Dor müsst ick an denken, as wi tau'n Bispill Nikolaiken, Kruttinnen orer Allenstein kenn'nlihrten.

Up dei Trüggfohrt wiern wi noch up dei „Marienburg", dat gröttst' Backsteinbuwark Europas. Nah denn' Krieg leg dei Burg in Schutt un Asch. Oewer uns' Nahwers hebben sei wedder grad so upbugt, as sei vör denn' Krieg utsehg. Flietig un mit väl handwarklich Geschick gahn dei Polen dorbi tau Wark. Dei Marienburg steiht nu stolt wedder dor un tellt siet Johren all tau't UNESCO-Weltkulturerbe!

Ok dei Oltstadt von Danzig un Elbing hebben uns' Nahwers mit väl Maut un Kraasch wedder upbugt. Hus för Hus un Strat för Strat hebben sei dat oll Gesicht wedder gäben. Ein gewaltig Wark, vör dat man denn' Haut trecken möt! Un noch wat hett uns gefollen: Egal, an wecker Dör wi kloppt hebben, in wat för ein Museum wi uns ümkeken orer up wecker Strat wi bi uns' Reis güngen, wi sünd oewerall hartlich upnahmen worden. Ick schriew dit nich ahn Grund, wieldat ick in'e sösstiger Johren von'e Arbeit her bi Danzig tau daun harr. Un männigmal hebben öllere Polen, wenn sei mitkrägen harrn, dat wi Dütsche wiern, noch för uns utspuckt! Dunn seten dei Folgen von denn' faschistischen Terror noch deip in ehr Hart. Un dorüm wunner ick mi, dat all dei Reisebusse, as wenn dat so sien möt, nah Rastenburg afbögen, dormit dei Lüd sick Hitlers „Wolfsschanze" ankieken könn'n. Wenn 'n ankamen is, föllt ein'n as ierst in 't Og, dat dor ein Privatverein mit dei Trümmer von'e ollen Nazi-Betonbunker Geld makt. Dei kassiert mit Rundfohrten in original „Wehrmachtsfohrtüg" mit Fohrer in „Wehrmachtsuniform" orrig af. Wat sall 'n dortau seggen? Oewer woans heit dat in ein Seggwurt: Geld stinkt nich! Un wat denn oewer dat „Hauptquartier" vertellt ward, beschränkt sick mihrst up technische Raffinessen. Kum ein Wurt dorvon, dat dörch Befähle, dei ut dei „Wolfsschanze" kemen, Millionen Minschen üm't Läwen kamen sünd. Un an dei lütt Stauffenberg-Gedenktafel lopen dei Lüd vörbi, wiel keinein up dei Tafel un dat Attentat von 1944 henwiest. Dat hett mi argert un noch mihr, dat dei „Wolfsschanze" intwüschen ein Wallfohrtsurt för Neonazis worden is! Dorüm süll'n grad dei dütschen Veranstalter dissen Besäuk ut ehr Programme strieken, dei Tiet dorför künn 'n in ein Museum, in einen Park orer bi ein Damperfohrt wohrhaftig bäder nütten.

SCHINNERIE MIT 'N ANSPRAK

„Liebe im Hausteil Fritz-Reuter-Straße 18 Wohnende! Durch unser Hausteilfest wollen wir uns besser kennenlernen und an alte Traditionen (Hausfeste der Hausgemeinschaften) anküpfen!" Dissen „Entwurf" hett Friedrich dei Lüd von dat Husfest-Org.-Büro vörstellt. Dei wiern mit sien Wark taufräden un Friedrich bannig stolt. Hei künn sick oewer ok up dei Schuller kloppen, denn för em is 't, bet hei alls akerat up dei Reih harr, ein Schinnerie wäst. Un so füng dei Sak an:

„Will'n wi nich eins 'n Fest organisiern?" frög Friedrichs Nahwersch in't Hus rüm. Dei mihrsten wiern dorför un 'n kort Tiet späder sett'n sick all dei Org.-Büro-Lüd tausamen. Nah ehr ierst Beradung gewen sei bekannt: Husfest an'n 15. Juli. All in'n Januar fragten sei bi Friedrich an, wat hei nich an denn' Dag, wenn 't losgahn süll, 'n poor Würd seggen künn. Hei wüsst, dat hei kein'n groten Rädner wier un brukte Bedenktiet. Twei Maand späder hett hei tauseggt un sick bet kort vör 't Fest mit denn' Text afquält. Dorbi harrn dei von't Org.-Büro em Henwies gäben tau dat, wat hei seggen süll, oewer nich woans. Un so kem hei in'e Bredulj.

Tauierst wull Friedrich mit „Sehr geehrte Damen und Herren!" anfangen. Bald wier em oewer klor, dat so'n Würd väl tau stief sünd un babentau up ein Räd henwiesen künn'n. Blot dat nich, säd hei sick, denn offizielle Räden möten vörher afnahmen warden, wat dor in nich wat gägen dei Frugenslüd orer dei Türken seggt ward un antisemitische Tendenzen orer gor brun Gedankengaud in vörkamen. Dor würd sick „Liebe Hausinsassen!“ all väl bäder anhürn, dacht hei. Mit dei Leiw kann ’n dei Lüd je ümmer kamen, oewer Insassen? Dor künn ’n doch an ’n Knast in Bützow orer Waldeck denken. Denn kem em „Hausbewohner!“ in’n Sinn. Hett hei oewer ok sträken, wiel dat Wurd womöglich an Husbesetter un dormit an Hippies, Autonome, Kommunen unsowieder erinnert. Un Hus dröppt ok nich würklich tau! Friedrich un dei annern wahnen je blot in ein Deil von dat Hus, dei Block hett je vier Ingäng. Friedrich hett langen sinniert, denn oewer doch dei korrekt Anräd funn’n: „Liebe im Hausteil Fritz-Reuter-Straße 18 Wohnende!“ Dat hest plietsch henkrägen säd hei in’n Stillen tau sick sülben un güng nu mit mihr Vertrugen an dei Frag ran: „Worüm so’n Husfest?“. Ok dorför harr em dat Org.-Büro wat vörgäben, nämlich: „Kennenlernen“. Dat müsst hei nu in denn’ nehgsten Satz unnerbringen! Iersteins schräw hei: „Durch unser Hausteilfest wollen wir uns kennenlernen.“ Gaut un schön, oewer woans? Nehger? Dat künn männigeinen up dei Fäut fall’n, denn nehger hürt sick binah so an, as wenn ein denn’ annern up dei Pöll rücken will. Nee, dat ’s tau krass! Wier nich licht up denn’ richtigen Utdruck tau kamen, oewer hei hett em funn’n: „Besser!“. Bäder hürt sick gaut an un hett ok noch wat Positives, bispillswies: Kann alls blot noch bäder warden un so. Liekers wull Friedrich nich mit dei Dör in ’t Hus fall’n, denn dei Lüd’ kamen bi dit Fest je tau’t ierst Mal tausamen un dor heit dat 'n bäten vörsichtig an dei Sak rangahn. Dorüm hett hei vör bäder noch „ein wenig“ sett, so dat dei Satz nu heit: „Durch unser Hausteilfest wollen wir uns ein wenig besser kennenlernen.“ Nu künn hier je 'n Punkt stahn, denn alls, wat seggt warden süll, harr Friedrich upschräwen. Dat Org.-Büro wier twors mit sien Utführungen taufräden, oewer dor fählte wat: Hei süll noch up mögliche Traditionen henwiesen. Dat is för einen, dei giern nah vörn süht, 'n knifflig Sak, denn bi Traditionen kickt man doch trügg. Friedrich kemen dei Sudetendütschen orer dei Brauderschaft von'e Kap Hoorniers in 'n Sinn. So hoch, orer bäder so deip, süll hei oewer nich griepen. Dor leg dei letzt, grad unnergahn Gesellschaftsordnung, all nehger. Friedrich hett sick denn an dei Tiet erinnert, as hei in'n real existierenden Sozialismus läwte, un is dorbi up interessante Würd stött: „Broiler“ orer „Grüner Pfeil“ oewer ok „Hausfest“ un „Hausgemeinschaft“. Un denn füll em ok noch dei Rädensort oewer denn' „Real Existierenden“ in: „Wier je nich alls schlicht!“. Furtsens wier em klor, dat Husfest un Husgemeinschaft in denn' binah all fardigen Text upnahmen warden müssten. Un woans dei nu kumplett heit, hebben Sei je anfangs läst!

Un wat lihrt uns Friedrichs Daun? Nich ahn oewerleggen up dalräden orer wat upschriewen! Vörpahl schlagen! Schön alls up dei Waagschal leggen, dat sport Geld för 'n Afkaten, denn' süss woll tau Hülp halen müsst un verwohrt gägen Insitten orer Afschuben!

FELL VERSUPEN MIT GESANG

Dit Beläwnis harr 'k an ein'n kollen Rägendag in'n März in ein Dörp bi Tessin. Mien Fru un ick wullen uns dor in'n Kraug drapen. Ick set allein an ein'n Disch in dei grot Gaststuw. Mollig warm wier dat hier. Dei Wirt harr mi 'n Grog bröcht. Wenn hei bi't Zeitungläsen ümbläderte, raschelte dat 'n bäten, süss würd dei Rauh dörch nix nich stürt. Oewer denn kemen Gäst, ein Truergesellschaft. Alls öllerige Lüd üm sösstig, kein Kinner.

Dat wier woll 'n schworen Afschied wäst, denn dei Mannslüd güngen wat vörnoewer bögt, as harrn sei noch denn' Sarg up ehr Schullern un dei Frugenslüd hulten un wischten sick gägensietig ehr Tranen af. An denn' groten, all indeckten Disch, spröken sei liesing miteinanner, so dat dei Rauh von denn' leiwen Doden nich stürt würd up 'n Friedhoff, dei gägen denn' Kraug anleg. Willem, würd seggt, harr bet tau'n letzten Atentog dei Messfork nich ut dei Hand leggt, wier ümmer för Hus un Hoff, Veihtüg un Fomilie dor wäst un harr Arger, wenn 't denn' mal gew, leiwer in sick rin fräten, as anner Lüd dormit uptaurägen. Un ümmer lustig un kum mal 'n Schluck.

Möt woll dat nattkolle Wäder Schuld an wäst sin orer ehr wier dat Gräwnis up 'n Magen schlagen, denn dei Kräuger drög all dat söss't Mal Kurn un Bier up. Ganz verklamt harrn s' utseihn, as sei vör 'n Stunn rinkamen wier'n. Nu oewer däugten sei up, mit jede Lag mihr. Dat würd ok dütlich luder in dei Gaststuw un dei Truergäst wier'n nich mihr so zach, wenn 't üm denn' Doden güng:

„Nee, Willem is süss würklich 'n gauden Kierl wäst", säd ein von dei Frugens, „man 'n tämlichen Gnatterpott wier hei ok un sien Frieda, Gott hew ehr seelig, hett dat nich ümmer licht bi em hadd. Hei wull jeden Dag wat Gaud's in'n Magen hebben, man Geld hett s' von em nich krägen. Wenn sei nich dat Eiergeld hadd harr, na, ick weit je nich. Un recht wat antautrecken harr s' je ok nich, blot Plünn'n up 'n Liew."

Dei Kräuger harr intwüschen ein Bradenplatt, Schöttels mit Tüffel, Rotkohl un Soß up 'n Disch stellt un frög: „Wullt ji tau't Äten Rotspon drinken orer bliewt ji bi dei Gedecke?" Nee, sei wullen nix anners, 'n Ogenblick späder wiern dei Gläs wedder vull. Poor Minuten lang wier blot dat Klappern von't Ätgeschirr tau hürn. Oewer denn nähm dei Unnerhollung wedder tau:

„Ick möt di recht gäben, Erna", säd ein von dei Buern. „Nix gägen Willem. Man dat stimmt, giezig wier hei. Blot wenn hei tau Kraug güng, künn 't nich dull naug warden. Hier, up dissen Stauhl hett hei ümmer säten un ‚hoch die Tassen'! Un denn süng hei mihrst dat sülwig Leed. Weit ji noch? Ssi, ssa harr 'k man 'n Lütten, harr 'k man 'n Lütten, harr 'k man 'n Lütten." Mit 'n Mal harrn sei all ehr Koemgläs in'e Hänn un süngen, as wenn Austköst wier: „Ssi, ssa harr 'k man 'n Lütten, harr 'k man 'n lütten Schluck."

As dei Gaststuwendör knarrte un mien Fru up 'n Süll stünn, brök dei Gesang af. Föfteigen grieshoorig Köpp dreihten sick langsam nah ehr üm. As sei sehgen, dat dor kein ut 't Dörp stünn, makten sei sick wedder oewer dat Äten her. Blot dei Buer, wecker denn' Gesang anstimmt harr, nähm mien Fru nehger in'n Ogenschien un plinkte ehr tau. Ick künn em verstahn, denn dor stünn je 'n staatsch jungen Fru. Man dat Plinken makte Erna fünsch. Unnern Disch peddte sei em an dei Schänen. Hei bet dei Tähnen tausamen un nuschelte wat von „Malle Kauh" orer so.

Dat End von disse Truerfier wull ick nich beläwen un säd tau mien Fru, dei mi verwunnert ankek: „Lat uns nah Hus führ'n, wat hier los wier, vertell 'k di unnerwägens." As ick bi'n Kräuger denn' Grog bitahlen wull, winkte hei af.

Hüt makte bi em wat anners denn' Kohl fett, nich mien poor Pennings.

DÖRCHEINANNER

„Hallo, Fru Möller, wo will'n S' denn
Hüt morgen all so ielig hen?",
Röppt Nahwersch Schult oewer dei Strat.
„Möt vörfäutsch gahn, süss kam 'k tau lat.
Bi't Kaken von dat Middagäten,
Hew 'k doch dei Kark binah vergäten.
Un späder kamen höllt uns' Paster
Je för ein bannig sündhaft Laster."
„Denn rönn'n S' fix hen, sünd je gliek dor,

Man maken S' mi vörher noch klor,
Wotau dräg'n Sei so elegant
Ein grot Stück Speck in Sei Ehr Hand?"
„Oh Gott!", röppt Möllersch un höllt an,
„Schlickt sick bi mi Alzheimer ran?
Dor hew ick ierst in 't Mankkakt-Äten
Statt Speck doch dat Gesangbauk schmäten!"

WAT EIN NIEG WANDFARW SO NAH SICK TRECKEN KANN

Dei Deck in uns' Wahnstuw wier all gries worden un dei in beige un terrakotta sträken Wänn harrn wi uns oewerkäken, ein Renovierung leg an. Dei Malermeister sülben wier kamen. Nahdem dei Termin faststünn, läd hei ein Musterbauk up 'n Disch un säd:

„In weckein Farw sall'n dei Wänn nu sträken warden?"

„Dei hier, wur dei Polstermöbel stahn un dei Finstersiet wedder beige, oewer orrig wat heller as nu", säd mien Fru, „un dei annern beiden Wänn blag." Dei Meister trök sien Ogenbranen tau Höcht, schweg oewer still. Dat helle Beige harr mien Fru fix funn'n, för dat Blag bläderte sei ierst 'n poor Mal in dat Musterbauk hen un her, stippte denn oewer mit 'n Finger up ein Bladd:

„Dit hier, dat sallt sin!“ Dei Meister trök wedder sien Ogenbranen tau Höcht, ditmal mit dei Faststellung:

„Dit Blag? Sei hebben oewer Maut!“

Schon ein Woch späder rackten dei Handwarker in uns' Wahnstuw rüm. Wi harrn wieldes in'e Koek dei „Waderprawda“ bi dei Uhren. As dei Malers ein Paus makten, künn'n wi all eins beögen, wo wiet sei kamen wiern. Ick kek ierst doch 'n bäten bedeppert. Dei Meister harr recht hadd, tau dat Blag an'e Wand hürte Maut. Mien Fru oewer klatschte in ehr Hänn:

„Grotorrig, so, genauso wull ick dat hebben!“

Dei Malers harrn dei Stuw piekfein in Farw bröcht un as nah twei Daag dat Mobilar wedder an sien Stell stünn, säd ick tau mien Fru:

„Anfangs harr ick je Bedenken, oewer dit Blag passt würklich as dei Fust up 't Og, dei Farw makt wat her!“

Annern Dag, nah 't Frühstückäten röp mien Fru mi in'e Wahnstuw un säd:

„Kiek di eins uns' Polstermöbel an, föllt di dorbi wat up?“ Mi wier furts klor, wat dat tau bedüden harr, denn Sofa un Sessel wiern mit 'n gräunen Samtstoff betreckt un dei Farw bet sick bannig mit dat Blag. Wieldat dei Garnitur all 'n poor Johr up 'n Puckel harr, kemen wi oewerein, ein Nieg tau köpen, oewer nich sowat, wat alle Lüd in ehr Wahnung tau stahn harrn.

Wi hebben denn dei Möbelhüser in'e Stadt un üm dei Stadt rüm afklappert, ümsüss. Ierst, as wi orrig 'n poor Kilometer in 't Land rinführt sünd, hebben wi akerat dat, wat wi vör uns' Ogen harrn, funn'n: Niemodsches Rokoko. Bi dat Utsäuken von denn' Betochstoff stippte mien Fru, as bi dei Wandfarw, wedder up ein Muster un säd:

„Dei hier, dei sallt sin!" As dei Verköpersch alls tausamenräkend harr, tuckte mien Fru kort tausamen un kek fragwies tau mi röewer. Ick nickköppte ehr tau, wat bedüden süll: Dei Garnitur köpen wi! Dat harr dei Verköpersch woll mitkrägen, denn sei säd:

„Dörför hebben Sei oewer wat Gaud's, is je ok 'n Sonneranfardigung. Dei Lieferung ward dorüm 'n bäten duern."

Söss Wochen späder schleppten dei Möbeldräger ierst uns' ollen Polstermöbel dei Trepp dal un denn dei Niegen rup. As dei an ehr Stell stünn'n, hew ick mien Fru ein Kumpelment makt, denn so schön harr uns' Wahnstuw noch nienich utseihn. Oewer nu stöken dei gälstriepigen Gardinen an'e Finsterfront un dei gräunbrun Teppich unnern Kautschdisch so von dat niege „Ensemble" af, dat wi nich ümhen kemen, uns nah niege Gardinen un ein'n annern Teppich ümtaukieken.

Denn' passlichen Gardinenstoff hebben wi fix funn'n un nah 'n poor Daag künn'n wi dei fardig neigten Stores afhalen. Dei Säukerie nah denn' Teppich hett länger duert. Wi harrn dei Hoffnung binah all upgäben, as wi in ein aflägen Möbelhus up 'n letzten Stapel wohrrhaftig 'n duwenblagen Siedenteppich fünn'n. Billig wier hei nich grad, man wi säden uns: Sünd wi oewern Hund kamen, kamen wi ok oewern Schwanz. As wi dei Gardinen anbröcht un denn' Teppich utrullt harrn, lüchteten dei Ogen von mien Fru un sei säd stolt:

„Nu is 't kumplett!"

Poor Daag späder klingelte dat un uns' Dochter stünn up 'n Süll. Niegelig kek sei in'e Wahnstuw un säd:

„Alls wat recht is, dit Blag geföllt mi ok un ji hewt juch moi dortau inricht, oewer dat grote Bild baben juch Kautsch passt je nu gornich dortau!"

Ick bün mi wiss, dat in'e nehgst Tiet 'n bäten Afwesslung up uns tau kümmt. Stats in Möbelhüser rümtaulopen, warden wi nu Galerien besäuken. Gistern hew ick eins oewerschlagen, wat dei nieg Wandfarw bether so nah sick treckt hett: Wenn nu noch ein Gemälde taukamen süll, harrn wi woll 'n lütten Geländewagen för krägen.

GRUGLICH, WENN BLOT NOCH OEWER KRANKHEITEN SPRAKEN WARD

Dei Körper, in denn' dei Minschen siet 250 000 Johr up uns' Ierd rümjachern, is för däglich föfteigen Kilometer lopen, mit 'n Flitzbagen scheiten, Speere schmieten, Jagdbeute up 'n Puckel tau't Lager dragen unsowieder bugt, nich för Autoführ'n, ewig vör 'n Computer sitten orer an't Band Hiering sortier'n. Dat heit, wi Jetzttietminschen bewägen uns tau wenig. Dorüm sünd so'n Erfinnungen, as bispillswies dei niegen Elektroroller, Gift för gesunde Minschen, besonners för jungsche Lüd, dei je noch gaut lopen könn'n un nich up 'n Roller Fett ansetten sall'n! Uns' Vörfohren, dei Jäger un Sammler, wiern rank un schlank. Sei harrn kein Gramm Fett tauväl up ehr Rippen un würden sick woll grugen, wenn s' uns Oewergewichte tau seihn kregen. Wi äten tau väl un dat Falsche. Ofschonst wi mit tau wenig Bewägung un Oewergewicht uns' Gesundheit unnergraben, warden wi liekers ümmer öller. Dei Pharma- un Ersatzdeilindustrie makt möglich!

Ick führ ümmer noch tau uns' Klassendrapen, alle twei Johr. Mien ehemalig Schaulkameraden un ick sünd middewiel knapp oewer dei achtig. Fast steiht je, dat wi Minschen uns verännern, Dag för Dag un in uns' Oller sünd twei Johr ein lange Tiet! Ick möt denn mihrst nipp henkieken, üm ruttaukriegen weckein dor grad vör mi steiht. Tau'n Bispill: Wenn Frugens dei Hoor utgahn sünd, drägen sei giern ein Prük. Bi Kierls sünd öfters up dei Näs Wratten wussen, ehr Ogen tranen un dick Säck hängen dor unner. Bi dei mihrsten von uns is dei Hut rug un faltig worden un Öllersplacken verungeniern dat Antlitz. Dei vör 'n poor Johr noch beinig wiern, wiwaggen nu stöckerig rüm. Wägen dei niegen Hüft- un Kneigelenke kamen sei oewer liekers gaut trecht. Dat Mulwark is dörchweg orrig in Schuss, wieldat Kukident dat nieg Tähngebiss gaut arretiert. Wägen denn' Uttusch von melkig-griese Starlinsen gägen dörchsichtig Plastik kann dat Gros wedder klor kieken un dei Knöp in ehr Uhr'n helpen bi't

Unnerholl'n. Ick kann dit hier so uptell'n, wieldat mi sülben dat nich anners geiht. Oewer ein Sak kann ick nich lieden: Wenn weck ut mien Bekannt- un Fründschaft orer gor von mien ehemaligen Schaulkameraden kein anner Thema mihr kenn'n as Lieden un Gebräken. –

Dit Johr hebben wi uns, Schäuler Johrgang 37, wedder drapen, dei Tweijohr-Paus wier rüm. Ick güng in 'n Tagungsrum von Disch tau Disch, üm „Gauden Dag" tau seggen. An 'n iersten seten fief von mien dunnmaligen Schaulfrünn. As ick ehr Hänn schüddelt harr, frög ick, wo denn ehr Frugens wiern un kreg as Antwurt, dat sei dei up'e Terrass tau'n Koffiedrinken schickt harrn, wieldat sei ein schenierlig Sak bespräken wull'n.

„Soväl ick weit", säd Willi, „hest du je ok wat mit dei Prostata tau daun hadd. Sett di man dal, wi sünd jüst dorbi uns' Erfohrung uttautuschen, besonners tau dat Problem: ‚Wat is mit Sex nah ein Prostata OP?'". Dit harr mi grad noch fählt! Ick nuschelte wat von: ‚Ierst noch Begrüßungsrunn tau End maken' un güng up 'n nehgsten Disch tau. Dor verklorte luthals Heinrich, dei all bäten harthürig wier, sien Dischnahwers, dat sei em nu all denn' tweiten Hartschrittmaker inplant hebben, dat hei oewer liekers noch drei Bipässe .... Ick ännerte mienen Kurs un stüerte up denn' Disch tau, wo dei Dierns ut uns' Klass, nu grieshoorige Damen, sick tausamen funn'n harrn. As ick oewer sehg, dat dei ehr Tablettenboxen vör sick tau liggen harrn un iefrig an't Schladdern wiern, wurväl, wogägen sei tau wecker Klockentiet schlucken müssten, winkte ick blot kort eins roewer un schnürte denn as 'n Voß üm dei Dischen rüm un nähm „Unnerhollungwitterung" up. Dei Prostata-Diskutierer wiern grad bi Erektionsschwierigkeiten ankamen un an'n letzten Disch harrn dei Mannslüd ehr Lieden mit Hämorrhoiden bi dei Uhr'n. Indess kem mien Fru, dei sick intwüschen noch 'n bäten uphüpscht harr, up mi tau.

„Lat uns up dei Terrass 'n Pott Koffie drinken", säd ick, „ick verklor di denn ok worüm." Nah miene „Upklärung" un 'n poor Schluck ut dei Pött sünd wi oewerein kamen, blot noch dei offizielle Begrüßung mittaumaken un denn aftaureisen. Kieken S', oewer Krankheiten kann 'k ok tau Hus lamentiern, dortau möt ick nich wietweg tau'n Klassendrapen führ'n.

WENN 'N CAFÉ ÜMFUNKTJONIERT WARD

Dat Café nümmt unner dei Gasthüser 'n besonnern Platz in. Ein Cafébesäuk heit bi mi Behaglichkeit bi 'n Stück Kauken orer Tort, Tieding läsen, 'n Klönschnack mit Frünn bi 'n Glas Rotspon maken, oewer ok erhalen bi Sinnieren un Drömen, wenn 'n allein in ein Eck sitt un dei Rauh mit 'n Pott Koffie geneiten will. Dei mihrsten Gäst will'n ok akrat dat beläwen, wenn sei sick ahn Anhang orer mit ehr Fründschaft in ein Café dallaten. –

Smartphons sünd ein grotorrig Erfinnung. Ick hew ok ein un kann dormit ümgahn, nich blot technisch. Kinner orer Jungsche spälen je egalweg mit so'n Dinger rüm. Man dei säuken selten ein Café up, dat sünd ihrer Lüd üm viertig plus. Weck dorvon schmieten, bevör sei ehr Oewertüg an'n Haken bammeln, ehr Smartphon up 'n Disch. Bliwt dat dor as „Statussymbol" liggen, is 't gaut. Leeg ward dat, wenn ein anfangt dormit tau hantieren.

Ein gräsig un lut „Klingelton" lett dei Gäst in't Café tausamentucken. As up ein Kommando kieken sei all nah dei woll föftigjöhrig Fru roewer. Dei entschulligt sick dorför nich, geiht ok nich ut denn' Rum, sonnern fangt nu an in'e Weltgeschicht rümtautelefonier'n. Ierst giwt sei Greten Antwurt, dat sei nu in't Café sitt, vörher bi'n Dokter wier, grad oewerleggt, wat sei noch inköpen müsst … un so wieder, un so wieder. Wiel Hubert, Lieschen un Annie dat ok alls weiten sall'n, kriegen wi Cafégäst denn' Salm lutstark noch 'n poormal tau hüren, wenn ok in Varianten. As ein'n Gast dat uprägt un hei ehr höflich klor makt, dat sei in ein Café sitt, nich in ein Telefonzell un dat hei hier sein Rauh hebben mücht, fardigt sei em fünsch af: Wenn hei sien Rauh hebben wull, süll hei man nah Hus gahn un dei Dör achter sick tau maken, sei künn oewerall soväl telefonier'n, as sei will! Dat utwussen Minschen sick mit ehr Handys as 'n Elefant in'n Porzellanladen upführ'n, kann 'n intwüschen binah jeden Dag beläwen. –

Noch leeger is 't, wenn Handwarkslüd sick 'n Café utsäuken, üm grad dor geschäftig tau warden. Dei

Klempnermeister un drei von sien Lüd harrn twüschen ehr Koffiepött Popier'n tau liggen, mank dei sei mit Iewer rümkramten. Ok ehr Smartphons legen up 'n Disch. Mal kregen sei einen Anrop, mal röpen sei an. Dat güng nu bald all ein Stunn lang so. Mi kem dat vör, as wenn in Rostock keinein Waderleitung mihr dicht wier. Oewer worüm müsst ick mi dat alls mit anhür'n? Mi würd dat krupen un ick säd tau'n Meister, dat hei hier in ein Café un nich in sien Büro sitten ded un dat dei Gäst in dit Lokal sick nich för kaputtig Waderhahns intressier'n, sonnern ein komodig Koffiestunn geneiten will'n. Hei kek mi an, as wenn ick von ein'n annern Stiern kem, wieste mi 'n Vagel un makte wieder, as wenn dat Café em hürte. Un nu glöben Sei man nich, dat dit ein einmalig Geschicht wäst is. –

Kinner sünd uns' Taukunft. Wenn wedder mihr burn warden, wasst sick möglicherwies uns' Bevölkerungsbom wedder orrig trecht un doroewer süll'n wi froh sin. Dei Muddies hebben nu in't Babyjohr naug Tiet sick unnereinanner 'n bäten uttautuschen. Wenn sei as Urt dortau ein Café wählen, is dat nich ümmer gaut oewerleggt.

Nahdem drei Kinnerwagens in'n Gang stahn, ward dat in dei Sesseleck, wo ick sitten dau, bannig eng. Ehr Koffie steiht all up 'n Disch, oewer tau'n Klönen kamen dei jungschen Frugens nich, wieldat dei lütten Ierdenbörger wak worden sünd, nu Hunger hebben un sick dorüm luthals bemarkbor maken. Oewer dor sitten je kein Rawenmüdder. Dei Gäst in't Café kieken twors verschamt tau Siet, as ein von dei ehr Blus upknöpt un ehr'n Lütten dei pralle Bost giwt. Indess hebben dei annern ut Flaschen, Gläs un Plastebeker Baby-Buddels upfüllt un Babypapps tausamenrührt. Dorbi hebben sei ehren Disch tau'n „Schlachtfeld" makt. Oewer nu schwiegen dei Kinner, wiel sei mit Sugen orer Schlucken beschäftigt sünd. Dat duert sien Tiet un dei Rauh deiht uns Cafégänger gaut. Oewer denn' einen von dei Lütten möt wat quälen, hei fangt wedder an tau schriegen. Sien Mudder bört em tau Höcht, rückt kort an sien'n Hinnelsten un weit, wat tau daun is. An'n Näbendisch sitt keiner. Dor ward dei Lütt up henleggt. Büxen dal, vullschäten Winnel af un ein nieg üm, alls in't Handümdreigen. Dei oll Winnel flüggt unnern Disch. Nah Koffie rückt dat in dei Sesseleck nich mihr. Mi verlangt dat nah frisch Luft. Oewer so fix ward dat nix, denn mien „Fluchtweg" is versparrt. Dor ankert jüst dei Kinnerwagen-Armada. Ick wölter mi dörch dat Gestäuhl, üm in frie Fohrwader tau kamen. Denn peik ick ut dei Dör un weit, dat ick mi in dit Café för 't ierst nich mihr seihn laten ward, wiel antaunähmen is, dat dei Muddies „Wiederholungstäter" sünd!

IS HÜTTAUDAG NICH NÖDIG!

Sei wiern 'n lütt Stück spazierengahn,
Miteins bliwt Enkel Hinnerk stahn,
Nahdenkernd hei tau Opa seggt:

„Sihr langen hew ick oewerleggt,
Denn nu ward ’t woll bi lütten Tiet,
Süss makt womöglich Muddern Striet,
Dat ’k mi nah ’n Fru ümkieken dau,
Gah je all up dei Dörtig tau.“
„Dor würd ick Muddern nich nah fragen.
Wat wisst di mit ein Fru rümplagen?
Ick würd ’t nich daun, an diene Stell,
Blew leiwer alltiet Junggesell!“
„Woans sall ’k diene Würd verstahn?“,
Seggt Hinnerk nu bi’t Wiedergahn,
„Ick krieg dor wat nich recht tausamen,
Worüm hest di denn Oma nahmen?“
„Dat hett sien’n Grund, müsst dunn so sien,
Gew je kein Wasch- un Späulmaschin,
Kein Mikrowell, kein’n Automat.
Kiek, dorför stünn denn Oma prat,
Süll ick dei schwore Arbeid maken
Un babentau noch Äten kaken?“

UTDACHT UN BUGT IN PEENEMÜNN (2018)

Wi hebben up Usedom Urlaub makt. Oewer nich in dei Kaiserbäder, wo dei Rubel rullt un Kaviar un Sekt tau’t Frühstück hürn. Nee, wi wiern in’n Nurdwesten, up dei Halfinsel Peenemünn, wo kein Beddenburgen stahn un morgens dei Kuckkuck tau’t Upstahn röppt.

Man wenn 'n von dit naturbelaten, wunnerschön Stück Ierd up dei anner Siet von'n Haben kickt, föllt ein'n dei „Bunkerwarte" un dat gewaltige „Kraftwerk" von dei ehemalig „Heeresversuchsanstalt Peenemünde" in 't Og, hüt dat „Historisch-Technisches Museum Peenemünde". Wat 'n dortau weiten süll: Peenemünn wier tau dei NS-Tiet ein von dei modernsten Technologie-Zentren up uns' Ierd. Twüschen 1936 un 1945 harrn dor 15000 Minschen bi dei Entwicklung un denn' Bu von Raketen (dortau würden ok KZ-Häftlinge dwungen) ehr Daun. In'n Oktober 1942 wier dat sowiet, dei weltwiet ierst Raket flög in 't All! Oewer dei Nazi-Dütschen harn mit disse „Hochtechnologie" blot ein Deil in'n Sinn: Dörch so'n „Terrorwaffen" militärisch dei Näs vörn tau hebben. Obschonst 22400 V1 (V= „Vergeltungswaffe") un 3200 V2 tau'n Insatz kamen sünd, dormit Stadtdeile von London un Antwerpen in Schutt un Asch leggt würden, an'n Kriegsutgang hebben dei Raketenangriffe nix ännert.

Dat Historisch-Technische Museum in Peenemünn kenn ick, liekers hew ick mi dei Sonnerutstellung „Serienfertigung und Kriegseinsatz der Peenemünder Vergeltungswaffe" unner denn' Titel „Vernichtender Fortschritt" ankäken. As ick mi nah denn' Rundgang dörch dei Utstellung tau'n Verpusten up ein Bänk sett'te, säd ein recht olle Fru, dei sick näben mi dallaten harr, tau mi:

„Wenn 'n sick dei välen, grugligen Biller ankäken hett, kann 'n Gott blot danken, dat dei Nazi-Spuk mit

Raketen un Konzentrationslager 1945 tau End wier!" Je, ut dütsche Sicht kann 'n dat so seggen, denn wi läwen siet mihr as soebentig Johr in Fräden un dat 's woll wat wiert! Oewer dei Raketengeschicht in Peenemünn wier je ierst dei Anfang. Nah 1945 hebben sick dei Amerikaner up dei ein Siet un dei Russen (dunn noch Sowjets) up dei anner Siet ielig dei Wissenschaftlichen gräpen, dei dei Raketen konstruiert harrn. Un dei hebben mit ehr Raketen-Konstruktionsakten unnern Arm ehren Kopp ut dei Schling treckt, denn Kriegsverbräker wiern sei allemal. Ein Nam steiht dor för väle anner: Wernher von Braun.

Wat dat nu in Russland orer Amerika wier, in beid' Länner rakten sick unner Hochdruck dei Konstrukteure an dei Raketen-Wiederentwicklung af, wobi an'e ierst Stell ümmer ehr militärisch Insatz stünn. Dei Fohrt in 't All würd ut Prestigegrünn oewer ok nich ut 't Og laten. Hett nich langen duert, bet beide Sieden ehre niegen Raketen (taun Bispill: interkontinentale-ballistische mit un ahn Atomsprengköpp) up dei Ierd, unnerierdsch orer up Kriegsschäp stationiert harrn. Bi dei Entwicklung von Raketen för dei „Raumfahrt" wier dat woll ein Kopp-an-Kopp-Rönn'n, wobi dei Russen denn' bädeeren Start harrn, denn an'n 12. April 1961 flög Juri Gagarin as ierst Minsch in 't All, späder, an'n 20. Februar 1962 tröken dei Amerikaner mit John Glenn nah. Egal, wat dat dei zivile Luftfohrt is orer Militärtechnik, all dei Trägerraketen, Marschflugkörper unsowieder, dei nah 1945 bugt worden sünd, wiern ahn dei Konstruktions-Unnerlagen von dei Peenemünner V-Waffen nich taustann kamen. Liekers weit ick nich so recht, wat sick dei dütschen Ingenieure dorför up dei Schuller kloppen könn'n orer leiwer nich? Kieken S', dei „Vernichtende Fortschritt“ ut Peenemünn is je bannig wiederentwickelt worden. Un wenn ick an dei Forschung in't All denk, denn is dei för uns Minschen wiss ein Sägen, oewer wenn ick taun Bispill in'n Fernseh dei Ruinen von syrische Urtschaften seih, denn wier dat wedder dei „Vernichtende Fortschritt“, mihrstens von Fleigers orer Schäp afschaten, dei dor dei Verwüstungen anricht un dei Heimat von Millionen Minschen taunicht makt hett, von dei välen Doden ganz tau schwiegen!

DEI EUROPÄER MÖTEN SICK UP EHR EIGEN KRAASCH BESINN'N (2017)

Männigmal hew ick denn' Indruck, dat dei Boewelsten in Brüssel dei EU tau'n 51. USA-Bundesstaat maken will'n. För dei Brüssler wier 't je schön bequem. Sei bruken sick kein eigen Gedanken mihr tau maken un könn'n ümmer vull up denn' Groten Brauder ut Oewersee setten.

Klor, glieke Interessen twüschen Europa un dei USA giwt naug, oewer liekers süll'n dei EU-Böwelsten ok an denken, dat an ehr Ostgrenz nich Amerika, sonnern Russland liggt! Un sei süll'n sick dorbi up ehr eigen Kraasch besinn'n un sülfst fastleggen, woans sei mit dissen Nahwer tausamenläwen un -arbeiten will'n, un nich ümmer dat nahbrabbeln, wat ehr in Washington vörseggt worden is, denn dat möt nich ümmer dei Wohrheit sin!

Kieken S', wenn ein Staatsmann nich mihr nah dei amerikansch Fleut danzt, ward hei fix tau'n Schurken makt! Tau'n Bispill: Saddam Hussein. Angäwlich will dei mit Massenvernichtungswaffen (dei hei nienich besetten hett un dei von'n amerikanschen Geheimdeinst erfunn'n worden sünd) gägen dei USA vörgahn un 2003 lett dei amerikansch Präsident W. Bush ierst Bagdad bombardieren un marschiert denn in 'n Irak in. Ein UN-Mandat harr hei (un ok dei „Koalition der Willigen“) nich un so wier dat ein USA-Militärinvasion gägen dat Völkerrecht. Bi dei Bombardierung von Bagdad kamen Dusende Inwahner üm un bi denn' Krieg mihr as 600 000 Zivilisten! Dormit liggt ein Kriegsverbräken vör, wat up dat Konto von W. Bush geiht. Wi Dütschen könn'n stolt up sin, dat dei dunnmalig Kanzler Gerd Schröder denn' Maut hadd hett, bi denn' Krieg nich mittaumaken un männigein Politiker seggt hüt, dat dörch dit „No“ dei Terror lange Tiet von Dütschland afhollen worden is!

Ein anner Bispill: Obschonst dei NATO Russland verspraken hett, sick nich wieder nah Osten tau bewägen, ward liekers jedein Möglichkeit utnutzt, dat doch tau daun. Dorbi kümmt ehr dei Ukraine taupass. 2013 ward dor dei Präsident Janukowitsch wegen sien Instahn tau Russland tau'n Schurken makt un von'n Westen up 'n Maidan-Platz in Kiew ein „Revolution" inszeniert. Dei „Rebellen" setten Janukowitsch af un ein dei NATO taudan Regierung in. Oewer dei Plan geiht ditmal nich ganz up. Dei russ'che Präsident Putin rückt denn' Braden un halt dörch ein Referendum dei Krim in 't „Mudderland" trügg. Putin harr gor kein anner Wahl, denn dei amerikansche Präsident Obama harr all plant, up dei Krim sien Raketen uptaustell'n un in dei Krimhabens an't Schwatte Meer sien Kriegsschäp tau stationiern. Dat dat nich klappt hett, is för Obama argerlich un tausamen mit dei amerikahürige NATO makt hei sietdem egalweg, wat dei Fakten stimm'n orer nich, gägen Russland Front. Un dei dütsche Regierung is iewrig mit bi, wat heit, dat uns' Politiker nix ut dei Vergangenheit lihrt hebben. Blot tau Erinnerung: Dütschland hett dunnmals dei Sowjetunion angräpen, nich annersrüm!

Un nu hebben dei Amerikaner denn Syrischen Präsidenten Baschar al-Assad, dei angäwlich Giftgas in'n Krieg gägen dei „Rebell'n" insett hett, tau'n Schurken makt. Assad is Amerika all langen ein Durn in't Og. Oewer mit dei Giftgas-Behauptung will Amerika ok dei Russen, as Frünn von Assad, drapen. Un dei niege, unberäkenbore amerikansche Präsident Trump bombardiert, ahn einen Bewies in'e Hand tau hebben, furts as „Afschreckung" einen Luftwaffenstützpunkt in Syrien. Un dei Europäer klatschen Bifall, ok uns' Butenminister Siegmar Gabriel (SPD)! Wenn hei sick rutholl'n harr, so as dunnmals Gerd Schröder, harr hei sogor eins Profil wiest. Oewer hei künn, as dei annern europäschen Butenminister ok, Trumps Bombardement in Syrien „nachvollziehen". Wat hei uns dormit seggen will, weit hei woll sülben nich. Fast steiht: Weddereins hebben dei Europa-Politiker kein'n Hinnelsten in'e Büx. Stats sick up ehr eigen Kraasch tau besinn'n, nicken sei ümmer blot af. Oewer grad disse Hollung kümmt uns dörch Sanktionen gägen Russland un dei unsinnige Uprüstung nu all düer tau stahn. Un dat kann noch väl, väl dürer warden!

EIN VÖRBILDLICH SILVESTERFIER (2019)

Wieldat hüttaudag jedein mit sick sülben tau daun hett un wi dorüm ümmer, ahn väl Würd, up 'n Flur aneinanner vörbi lopen, hett dei HG (Husgemeinschaft) beschlaten, dat wi uns einmal in't Johr drapen. Dei Wahl för dissen „Husfierdag" is up Silvester follen. Siet teigen Johr hett ein fiefköppig „Org.-Komitee" dei Tögel dorför in'e Hand, leggt dat Motto fast, kümmert sick üm Fräterasch, Drinken, Utstaffierung von denn' Rum, wo süss dei Wäsch drögt, üm dei „kulturelle Ümrahmung" un üm Sponsoren.

As dit Johr dat Org.-Komitee tausamenkem, säd Willi, dei mit 'n tämlich gräunen Tatsch rümlöppt: „Nu, wo wi ok in Dütschland ein'n Klimanotstand hebben, könn'n wi nich so wiedermaken as bether. Ick hew upschräwen, wat wi taukünftig bi uns' Silvesterfier beachten möten. Läst juch dat bet tau dei nehgst Sitzung dörch!“ Willis Vörschläg würden ahn Gägenstimm annahmen un för dei Fier von'n Olljohrsabend 2019 tau't Niejohr 2020 sünd wi dorüm niege, klima-, migrations- un ümweltfründlich Wäg gahn.

Süss hebben wi ümmer 88 Raketen in 'n Häwen ballert. Dei dormit verbunn'n Ümweltbelastung warden wi nu schrädwies üm 25 Perzent afbugen, dat heit, för dit Johr sünd blot noch 66 köfft worden un af 2023 is uns' Fier raketenfrie! Ok tau dat Motto hebben dei Komitee-Mitglieder einen gauden, deipgrünnigen Vörschlag makt: Üm dei Urinwahner von denn' Schwatten Kontinent unner ehr Arms tau griepen, fierten wi Silvester up afrikansch. Dei Zaster för dei Woren von dor, ward tau bidragen, dat dei Ingeburn nich dat Lopen kriegen, sonnern tau Hus in ehren Busch blieben. Dorvon sünd wi oewertügt! Up dei anner Siet hebben wi för dei henbläderten Schiens ok wat würklich Exquisit's för uns' Lickertähns krägen: As Vörspies gew 't Guinea-Austern un Wittbrodhappen mit Kongo-Welskaviar un tau't Lief vullschlagen ein'n scharpen Gulasch ut Kühlen von Zulu-Kusuvulu-Antilopen! Dortau drünken wi nich ahn Grund (mit echt antarktisch Gletscheries dalkäuhlt) Mosambik-Kokosnoetmelk-Cocktails, wieldat dei 'n bäten Kusuvulu-Scharpnis von'e Tung nähmen. Oewer orrig upsagen würd dei ierst dörch denn' südafrikanschen „Giraffenhals“, ein Bio-Wittwien, dei ut „handverlesenen Reben“ von'e Südkap-Provinz stammte orer denn' Bio-Rodwien „Gnudruppen“ ut Mpumalanga.

Dormit uns dei Tiet bet tau'n Johreswessel nich tau lang würd, harrn sick Herta, Willi un Hanning wat Besonners utdacht un sick as afrikansche Schlagersänger uptakelt. Sei schmeten dat oll Tonbandgerät an un süngen Half-Playback. Herta as Miram Makeba „Malaika" un „Kilimanjaro", Willi as Tom Jones „Delilah" un „Love Mi Tonight" orer Hanning as Howard Carpendale „Hello Again" un „Ti Amo", üm blot 'n poor Titel-Bispille tau nömen! Wieldat all orrig wat an Buddels von'n Giraffenhals un Gnudruppen leddig wiern, süng dei ganze HG luthals mit. Ok dat Danzbein würd tau disse Melodien schwungen!

As dei Klock up twölf tau güng, leggten wi ein lütt Paus in, schmeten denn' Dischgrill an un makten dei Middernachts Snacks – rökert Zebra-Schinken up Maisfladen – trecht. Dornäben stünn'n all dei Bio-Sektbuddels prat. Dei Nam up ehr Etiketts „White gold" gew Utkunft, wo hei keltert worden is: In'e Olifants River Region. Passig dortau wiern ok dei Andenken tau uns' Fier utwählt. Jedein Husbewahner kreg 'n Geschenk ut handschnitzt Kenia-Elfenbein (Wiert: 99,00 €); dei Frugens ein Halskäd, dei Kierls ein'n Proppentrecker.

Tau'n Johreswessel zischten ierst dei Sekt dörch uns' Kählen un dornah dei sössunsösstig Raketen in'e Höcht, üm baben uns' Köpp Ezimbalinis (Blaumen in Zulu-Sprak) an 'n Häwen tau malen. As mit „The Lion Sleep Tonight" dei Party utklüng, schlög dei Klock in't niege Johr grad tau't viert Mal. –

Wenn ok dei ein orer anner von uns Stunn'n späder mit Koppweihdag un Bukkniepen upwakt is, dat schöne Gefäuhl – wi sünd in Klimanotstandtieden mit uns' Fier nieg Wäg gahn – würd dordörch nich unnerboddert. Un noch wat: Up ein Sonnerberadung von't Org.-Komitee hebben wi jüst beschlaten, Willi as 'n Delegierten tau dei nehgst UN-Klimakonferenz tau schicken (Kosten drägt dei HG). Hei sall dor tau: „Woans organisiert man ein klima-, migrations- un ümweltfründlich Silvesterfier" referier'n, üm so global dei mihr as nödig, niege Johreswessel-Kultur antauschuben!

DEI VERGLIEK

„Du sühst je ganz bedebbert ut,
Treckst babentau ein scheiwe Schnut,
Wat 's mit di los, is wat passiert,
Segg, Manner, is di wat malürt?"
Dei antwurt sien'n Fründ Friederich:
„Ick bün bedröwt un argerlich."
Un dorbi kickt hei rup tau'n Häwen.
„Hew grad mien Duwentucht upgäben."
Un Friedrich röppt: „Worüm denn dat,
Dor hest doch ümmer Freud an hadd!"
„Dat 's wohr", seggt trurig nu oll Manner,
„Ick leiw je Duwen as kein anner.
Blot niegerdings kann 'k nich verhinnern,
Dat s' mi an uns' Politikers erinnern!"

„Woans büst du denn dor up kamen,
Du hest doch woll kein Drogen nahmen?“
„Dorgägen müch t ick mi verwohren!
Hür tau, ick will di nu verkloren
Worüm ick würd tau’n Kritiker
An Duwen un Politiker:
Wenn s’ unnen sünd, hest du kein Not,
Denn fräten sei di ut dei Pot.
Wenn s’ baben sünd, hoch bet an’n Topp,
Denn schieten sei di up ’n Kopp!“

BEREITS ERSCHIENEN

96 Seiten | 15,00 Euro

ISBN 978-3-356-02233-9

Liebe Leserin, lieber Leser! Wie hat Ihnen die Lektüre gefallen?
Bitte bewerten Sie uns im Internet.

Die Deutsche Nationalbibliothek verzeichnet diese Publikation in der Deutschen Nationalbibliografie, detaillierte bibliografische Daten sind im Internet über http://dnb.de abrufbar.

Lagerstraße 7, 18055 Rostock
Tel. 0381/4969-0
www.hinstorff.de

1. Auflage 2020
Herstellung: Hinstorff Verlag GmbH
Coverillustration: Carola Rong
Druck und Bindung: GGP Media GmbH, Pößneck
Printed in Germany
ISBN 978-3-356-02328-2